U0107537

e Story of the Napoleonic War

拿破仑战争

一个伟人和他的时代

英国 BBC《历史》杂志——编

邵杜罔——译

浙江人民出版社

图书在版编目（CIP）数据

拿破仑战争：一个伟人和他的时代 / 英国 BBC《历史》杂志编；邵杜罔译 . — 杭州：浙江人民出版社，2022.7

ISBN 978-7-213-10576-0

Ⅰ . ①拿⋯　Ⅱ . ①英⋯ ②邵⋯　Ⅲ . ①拿破仑战争—研究　Ⅳ . ① K565.41

中国版本图书馆 CIP 数据核字（2022）第 064911 号

浙 江 省 版 权 局
著 作 权 合 同 登 记 章
图字：11–2020–477 号

©Immediate Media Co Bristol Ltd. 2020.
All rights reserved. No part of The Story of the Napoleonic Wars may be reproduced in any form or by any means either wholly or in part, without prior written permission of the publisher. The publisher, editor and authors accept no responsibility in respect of any errors, omissions, misstatements or mistakes in any references.
©Immediate Media Co Bristol Ltd & Zhejiang People's Publishing House, Co., Ltd. 2022.
The simplified Chinese edition is in copyright. No reproduction of any part may take place without the written permission of Zhejiang People's Publishing House, Co., Ltd.

拿破仑战争：一个伟人和他的时代

NAPOLUN ZHANZHENG: YIGE WEIREN HE TA DE SHIDAI

英国 BBC《历史》杂志　编　邵杜罔　译

出版发行：浙江人民出版社（杭州市体育场路 347 号　邮编：310006）
　　　　　市场部电话：（0571）85061682　85176516
责任编辑：陈　源　王月梅
营销编辑：陈雯怡　赵　娜　陈芊如
责任校对：陈　春
责任印务：刘彭年
封面设计：创研设
电脑制版：北京之江文化传媒有限公司
印　　刷：杭州丰源印刷有限公司
开　　本：710 毫米 × 1000 毫米　1/16　　　印　　张：16
字　　数：188 千字　　　　　　　　　　　　插　　页：2
版　　次：2022 年 7 月第 1 版　　　　　　　印　　次：2022 年 7 月第 1 次印刷
书　　号：ISBN 978-7-213-10576-0
定　　价：98.00 元

如发现印装质量问题，影响阅读，请与市场部联系调换。

编者的话

1815年拿破仑逃离滑铁卢战场时，欧洲已深陷战争十多年了。此前，只是在1792—1802年的法国革命战争结束后，有过一段短暂的和平时期。

拿破仑战争和战事正式爆发前的流血冲突，夺走了整个欧洲大陆数百万人的生命 —— 造成的破坏之巨大，在欧洲历史上几乎是前所未有的。

英国BBC《历史》杂志编写的这本《拿破仑战争：一个伟人和他的时代》，揭示了这段动荡历史背后的故事。在一系列事件的推动下，拿破仑·波拿巴从科西嘉岛上的一个小贵族成长为强大法兰西帝国的领袖。

我们请专家就纳尔逊勋爵在特拉法尔加战役中的胜利以及英国在航海时代的霸权发表见解，然后详细分析了几周后拿破仑在奥斯特里茨的那次闻名于世的胜利。

除了诸多胜利，我们也会关注拿破仑军事生涯的低谷，特别是发生在西班牙和葡萄牙那场毫无章法的半岛战争、对俄国的灾难性入侵，以及导致法国最终失败的滑铁卢战役。

我们也没有忽视战场以外的事务。研究了战争给全球带来的令人惊讶的后果，以及拿破仑孤独地死于圣赫勒拿岛很久之后，这场战争如何继续影响欧洲政治。

　　《拿破仑战争：一个伟人和他的时代》收录了之前在英国BBC《历史》杂志和其姊妹刊物英国BBC《历史揭秘》杂志上发表过的相关文章，此外，本书还新增了一些内容。希望本书能对您有所助益，祝您阅读愉快！

乔恩·博克汉姆（Jon Bauckham, 英文原书编辑）

目 录
Contents

第一篇　战争与革命

第三篇　滑铁卢战役及战后

时间轴

　　杰里米·布莱克（Jeremy Black）绘制了一条时间轴，梳理了拿破仑在法国大革命后取得政权至滑铁卢战败的过程，并逐一列出这期间的重大事件。

1792年4月20日
法国向奥地利宣战

法国大革命爆发三年后，法国立法议会担心奥地利会为恢复路易十六的君主专制入侵法国，于是对奥地利宣战。9月，一支由普鲁士领导的联军试图进军巴黎，但在距首都约108英里的瓦尔密被法兰西革命军队击败。法国革命战争的第一阶段（第一次反法同盟战争）就这样开始了。

法国国王路易十六最后的时刻。

1793年1月21日
路易十六被执行死刑

路易十六被认定叛国罪，在今巴黎协和广场断头台上斩首。路易十六被处决，让欧洲君主们怒火冲天。

1790　　　　　　　　　　　　　　　　　**1795**

热马普战役是法兰西共和国初创时期取得的一次胜利。

1792年9月22日
法兰西共和国诞生

革命者因瓦尔密的胜利备受鼓舞，他们废除了路易十六的君主立宪制，宣布成立新的法兰西共和国。11月，为防止奥地利通过低地国家入侵法国，查尔斯·弗朗索瓦·杜穆里斯将军率领一支军队进入奥地利所属荷兰（现为比利时），并在热马普战役中击败了奥地利主力军队。

1794年6月1日
英国"光荣的六月一日"

此时，英国已加入与法国作战的欧洲同盟。英国海军上将豪勋爵率军攻击了一支法国舰队，这支舰队由26艘军舰组成，负责为从美国运粮至法国布雷斯特的船队护航。这支至关重要的运粮船队最终抵达了法国，但英军的超强炮火使法国损失了7艘军舰（被俘6艘，击沉1艘），伤亡5000人。

1797年2月14日
英国在圣文森特角击败西班牙

当时西班牙与法兰西共和国结盟，英国海军上将约翰·杰维斯爵士带领15艘军舰在葡萄牙南部海域袭击了一支由27艘西班牙舰船组成的舰队。得益于当时还是准将的霍拉蒂·纳尔逊制造的混战局面，英国的舰长在单舰对抗中更胜一筹。他们超强的炮火给西班牙军舰以致命的打击。最后，有4艘西班牙舰船被俘。

英国海军上将约翰·杰维斯爵士。

拿破仑将他的军队排成方阵,成功地抵挡了敌人的多次进攻,赢得埃及之战的胜利。

1803年的一幅漫画,描绘了拿破仑和英国首相亨利·阿丁顿隔英吉利海峡对峙的场面。

1798年7月21日
金字塔大战

为保护法国的利益并削弱英国在印度的势力,年轻的法国将军拿破仑·波拿巴率军攻打奥斯曼帝国统治下的埃及。他在金字塔之战中击败马穆鲁克骑兵,占领了下埃及。

1802年3月27日
亚眠的和平

英国、西班牙、巴达维亚共和国(荷兰)与法国在亚眠市签署了一份和平协议,标志着第二次反法同盟战争和整个法国革命战争结束。代表法国签字的是拿破仑的哥哥约瑟夫·波拿巴。

1803年5月18日
英法再次开战

《亚眠和约》签订14个月之后,拿破仑拒绝签订贸易协定,英国以此为借口再次向法国宣战。法国在布洛涅附近的沿海地区集结了庞大的军队,准备向英国发起进攻,拿破仑战争由此开始。欧洲主要大国组成第三次反法同盟,对抗法国。

1800

拿破仑发动政变,推翻了当时的政权,成为法国的掌权者。

1799年11月9—10日
拿破仑夺权

在意大利和埃及,拿破仑声望日隆。第二次反法同盟战争(由英国、奥地利和俄国领导)中法军受挫后,拿破仑回到了法国,让政府倍感压力。他发动了一场没有流血的政变,成为法国第一任首席行政官。1804年,拿破仑自立为皇帝。

1800年6月14日
马伦戈的决定性时刻

入侵意大利北部,是拿破仑作为第一任首席行政官的开幕之战。战争伊始,法军穿越大圣伯纳德山口,拿破仑在马伦戈遇上了强大的对手奥地利人。在大部分战斗中,他都强制军队撤退,在法国增援部队到达之后才发起反击,最终成功地扭转了战局。法国军队伤亡近四分之一,奥地利人则要求停战。

1805年10月20日
在乌尔姆大破敌军

第三次反法同盟战争正式开始,拿破仑向奥地利进军,主力部队(一支原本准备入侵英国的"伟大的军队")迅速前进,突袭位于乌尔姆的奥地利军队。法军势如破竹,奥地利投降(但未撤出战争),这次战役为法军占领德国南部打开了通道。

拿破仑在晚宴上使用的盘子,描绘了当年大圣伯纳德山口的情景。

特拉法尔加广场上纳尔逊纪念柱基座上的浮雕，描绘了纳尔逊在战斗中受重伤的那一刻。

1805年10月21日
特拉法尔加海战

英国海军少将纳尔逊勋爵在加的斯附近的特拉法尔加海角，拦截了一支法国和西班牙的联合舰队。英国人将舰队分成两路，发起攻击，然后将对手打散，分而歼之。尽管遭受重创，甚至纳尔逊本人也受了重伤，但英国海军的炮火和航海技术仍然占了上风。这场海战让拿破仑入侵英国的计划成为泡影。

1806年10月14日
摧毁普鲁士的抵抗

普鲁士的弗雷德里克·威廉三世跟随俄国军队加入第四次反法同盟。拿破仑抢在俄国军队到来之前发动进攻，在萨克森州的耶拿和奥尔施塔特两次战役中，击败了指挥失当的普鲁士军队。

拿破仑认为，他在耶拿打败了普鲁士的主力军队。实际上，是具有出色军事才能的路易斯·尼古拉斯·达武元帅在奥尔施塔特击败了普鲁士。

弗雷德里克·威廉三世。

在东普鲁士提尔西特的木筏上，拿破仑和亚历山大沙皇签订了一项和平条约。

1807年6月14日
弗里德兰战役

处于劣势的俄国军队背靠河流，在弗里德兰向法国军队发起了进攻。他们的计划失败了，而且造成了重大损失。遭受重创的俄国需要一段时间来重建军队。在7月7日和7月9日，双方签订了两个《提尔西特和约》，但它们带来的是并不安宁的和平。

1805

1805年12月2日
奥斯特里茨战役

这也许是拿破仑一生中最大的胜利。在奥斯特里茨镇（现捷克共和国境内）附近，他以少胜多，击败了俄国和奥地利联军。联军损失惨重，1.6万人伤亡，1.1万人被俘。两天之后，奥地利的弗朗西斯一世被迫接受了条件苛刻的和平协议。

1807年2月7—8日
埃劳困境

拿破仑向东方进军，在东普鲁士的埃劳陷入困境。他发现俄国人是强硬的对手，法军屡次进攻，都未能突破俄国人的防线，后来俄国人在夜间主动后撤了。法军伤亡惨重，但俄国损失更大。尽管拿破仑获得了战场控制权，但他在战场上并无实际斩获。

1808年5月5日
代价巨大的半岛战争

半岛战争的起因是葡萄牙拒绝拿破仑的大陆体系（阻止其与英国进行贸易），于是拿破仑经西班牙入侵葡萄牙，葡萄牙皇室全体出逃。法军占领马德里，引发了大规模的起义，并于1808年5月5日推翻了西班牙君主，半岛战争爆发。8月，英国和葡萄牙军队在罗利萨和维梅罗取得了对法战争的一些胜利。

1807年，埃劳战役局势胶着，胜负难料。图为行走在飘落的雪花中的拿破仑帝国卫队。

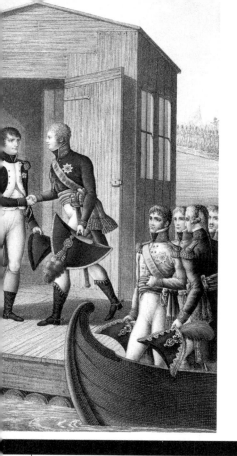

在瓦格拉姆，奥地利的查尔斯大公被拿破仑赶出了战场。

1809年7月5—6日
瓦格拉姆反攻

在阿斯珀恩–埃斯灵失败之后，拿破仑在瓦格拉姆向维也纳北部发起了反攻。他采取侧翼出击的策略，成功地将查尔斯大公赶出了战场，但奥地利军队并未被完全打败，双方的火炮都发挥了巨大的威力。瓦格拉姆战役之后，奥地利接受了法国的和平条件。

1812年9月7日
波罗底诺致命的一天

俄国人试图在波罗底诺阻止拿破仑向莫斯科进发的势头，这场战役，双方投入约25万名士兵和1100多门大炮。战斗持续了一整天，约有7.7万人伤亡。俄国人顶住了法国人的进攻，尽管他们后撤了，但军队并未溃散。拿破仑拒绝将他的帝国卫队投入战斗，虽然这可能会扭转战局。最终，俄国人在夜间撤离了战场。尽管俄军伤亡人数众多，但拿破仑军队的伤亡（约占军队的四分之一）也极为惨重。

1810

法国军队在奥地利的阿斯珀恩–埃斯灵遭到猛烈抵抗，拿破仑渡过多瑙河后撤退。

1812年6月24—25日
拿破仑入侵俄国

拿破仑试图依靠具有绝对优势的武装力量打击俄国的战略要地，来解决与俄国的紧张关系。法军及其盟军逾60万人，越过尼曼河进入俄国。他们一路未曾遭遇抵抗，拿破仑寻找俄军主力决战的设想落空了。

1809年5月21—22日
多瑙河边的挑战

第五次反法同盟成立了。1809年，奥地利与法国重新开战。第一场大的战役发生在维也纳附近的阿斯珀恩–埃斯灵，拿破仑的指挥乏善可陈。他大胆地对奥地利精锐部队发动进攻，但是被击退了，而且奥地利军队对法国军队展开了一系列反击，将法国人阻隔在多瑙河的北岸。法国军队并未被摧毁，但拿破仑最终撤出了战场。

拿破仑在没有抵抗的情况下渡过尼曼河，进入俄国。

拿破仑进入莫斯科，发现那座城市已经被烧毁了，这可能是俄国人自己干的。

1814年4月退位后，拿破仑向枫丹白露的帝国卫队告别。

1812年9月14日
拿破仑进入莫斯科

波罗底诺战役结束后，通往莫斯科的路打通了。9月14日，拿破仑进入莫斯科，发现这几乎是一座空城，但那天晚上它突然起火。亚历山大一世拒绝谈判，而拿破仑的后勤供应也开始恶化，迫使他于10月19日放弃了莫斯科。暴风雪使整个撤退变成了一场噩梦，成千上万的士兵死亡。同时，投入巨大的西班牙和葡萄牙半岛战争也继续消耗着拿破仑的资源。

1814年4月6日
拿破仑退位

1814年初，拿破仑在抗击入侵法国东部的第六次反法同盟的战斗中取得了一些胜利，他凭借高超的军事才能指挥法军摧毁了暴露的敌方军队。但是，同盟的人数优势最终决定了战争的胜负，联军攻进了巴黎。临时政府决定废黜拿破仑，他于4月6日正式退位。英国的亚瑟·韦尔斯利对此一无所知，几天后他经比利牛斯山脉进入法国，占领了图卢兹。

1815

1813年8月26—27日
德累斯顿战役

1813年，普鲁士、奥地利、瑞典和俄国组成了第六次反法同盟，与当时兵力已经少于他们的拿破仑作战。反法同盟的计划是避免与拿破仑直接战斗，只进攻他的下属指挥的军队。但是，普鲁士的威廉三世坚持要与法国皇帝作战。在德累斯顿，拿破仑打败了由施瓦岑贝格亲王指挥的军队。

1813年10月16—19日
莱比锡战役失利

莱比锡之战中，第六次反法同盟的兵力大大超过了法国军队。眼看获胜无望，拿破仑决定撤退。法国军队在此战中损失了6.8万人。

1815年3月1日
意外的回报

退位后，拿破仑被流放到位于地中海的厄尔巴岛。后来，他带着一支小型舰队和约1100名士兵逃走了。1815年3月1日，他在法国南部的昂蒂布附近登陆，那里的守备军向他投诚。新国王路易十八的军队只对拿破仑进行了象征性的抵抗，拿破仑于3月20日进入巴黎并夺回了政权，而路易十八早已逃之夭夭。

1813年，拿破仑战胜施瓦岑贝格亲王的军队后，进入德累斯顿。

拿破仑逃离流放之地厄尔巴岛后，到达昂蒂布附近。

拿破仑被流放了两次。第一次的流放地是厄尔巴岛，后来他逃出来了；他的政权再次垮台后，又被流放圣赫勒拿岛，并在那里度过余生。

1815年6月18日
惠灵顿的胜利

拿破仑的希望在滑铁卢破灭了。由亚瑟·韦尔斯利（现为惠灵顿公爵）指挥的英国军队在随后到达的普鲁士军队的支援下打败了拿破仑。拿破仑指挥失败和战术失误，是他这次战败的主要原因。

1815年7月15日
尘埃落定

在不断上升的反对浪潮和持续减弱的支持之下，拿破仑的政权崩溃了。他于6月22日退位，想禅位给他的儿子，但没有成功。他打算去美国，然而在英国海军的封锁下，这也不太可能。权衡之下，拿破仑认为在英国人手里的待遇应该比在其他敌人那里要好些，所以他于7月15日登上了英国皇家海军的"贝勒罗丰"号战舰，宣布投降。他被送往大西洋南部遥远的圣赫勒拿岛，余生一直被关押在那里，直到1821年5月5日去世。

1815年6月15日
滑铁卢战役

滑铁卢战役开始时，联军正准备入侵法国。拿破仑认为，取胜的最佳途径是各个击破。在今天的比利时境内，他计划将军队集中在以普鲁士和英国为首的军队的南面，迅速前进，在进攻布鲁塞尔之前分别击败他们。

后来，所有参加滑铁卢战役的英军士兵都获得了滑铁卢勋章。

1815年6月9日
维也纳会议

经过数月的谈判，维也纳会议结束了，几个主要大国（包括奥地利、英国、普鲁士和俄国）的大使签署了一项法案，重新划分欧洲版图，希望能解决法国革命战争和拿破仑战争带来的问题，建立长久的和平。

1815年6月16日
法国在利尼徒劳无功

法国人在利尼击败了普鲁士人，但拿破仑没能像设想的那样包抄敌军侧翼。相反，他必须付出巨大代价，用正面进攻来迫使普鲁士人撤退，而且无法彻底打垮他们。法军损失惨重，拿破仑深感后备兵力不足。在西北方向的夸特布拉斯，法军与英国领导的盟军作战，成果并不理想。

利尼战役中的普鲁士人。他们在法军的追击下溃逃，但逃脱之后在滑铁卢战役中扮演了重要角色。

杰里米·布莱克（Jeremy Black），埃克塞特大学历史系的名誉教授。他最新的著作有《联合作战》（*Combined Operations*, Rowman & Littlefeld, 2017）和《防御工事和攻城》（*Fortifcations and Siegecraf*, Rowman & Littlefeld, 2018）。

第一篇

战争与革命

法国大革命及其后果

　　拿破仑在法国大革命后的政治动荡和战争中，登上了权力的最高峰。

拿破仑来了

　　波拿巴扩张帝国的野心越过了英吉利海峡，英国要如何阻止他？

特拉法尔加的胜利

深入了解1805年那场激烈的海战，解密法国皇帝入侵英国的计划是如何破灭的。

传奇人物纳尔逊

在战争年代，他是一位战神般的海军上将。我们来细数十个让霍拉蒂·纳尔逊成为世界名将的时刻。

拿破仑的机会

本文作者玛丽莎·林顿（Marisa Linton）指出，法国等级制度的崩溃，让年轻的拿破仑有了在军事上大放异彩的机会。但他登上权力顶峰的真正原因，是他敏锐地意识到了大革命后的政治动荡和连年不断的战争，并且利用了这种形势。

法国大革命让拿破仑·波拿巴的崛起成为可能。1789年的大革命推翻了拥有数百年历史的君主专制政体和贵族特权。

革命者在他们掌控的地方建立了基于个人自由、权利平等和人民主权原则的新政权。

然而，拿破仑利用之后十年的政治动荡，将法国变成了一个军事集权的国家。波拿巴的帝国在某种程度上比路易十六时期更为专制，而且拿破仑战争造成了数百万人伤亡，这使他显得更加暴戾。

在大革命之前，法国各地盛行世袭特权和血缘继承制度，革命打破了这种束缚。废除贵族特权给许多年轻人提供了施展抱负的舞台，从而在军队中获取更高军衔，波拿巴就是其中一个。尽管他出身贵族家庭，但他是科西嘉人，是意大利人的后裔（法国在1769年征服了科西嘉岛）。在大革命之前，这样的人是受歧视的，法国本土的人把他们视为外国人或外来者。

革命领导者决策失误，向反对法国革命的欧洲大国发动战争，导致了一系列灾难性的后果，这使得革命政府越来越依赖于军队。那些因革命而逃到国外的人制造了紧张局势，并极力鼓动外国势力入侵法国，颠覆革命。

吉伦特派领导人雅克·皮埃尔·布里索宣称，法国必须发动"争取普遍自由的十字军战争"，将革命输出到国外。

布里索认为，西欧人民会欢迎法国士兵带来"自由"。布里索的主张遭到了另一位意见截然不同的革命家马克西米利安·罗伯斯庇尔的反对。罗伯斯庇尔警告说，革命不能也不应在入侵军队的刺刀下传播出去。

▼ 罗伯斯庇尔反对发动战争。他警告说，革命是不可能通过刺刀来传播的。

罗伯斯庇尔指出："没有人欢迎武装的解放者。"这可谓一个有先见之明的警告。布里索的策略将会使法国和法国革命完全依赖少数军队精英，而他们对革命的忠诚是靠不住的。

然而，布里索的言论激起了人们普遍的好战情绪，而罗伯斯

▲画家查尔斯·特维宁的作品，表现了 1789 年 7 月 14 日，愤怒的人民攻占巴士底狱的情景。当时法国政府试图抵抗，随后革命爆发，并迅速在法国各地蔓延开来。

庇尔反对战争的言行被谴责为"不爱国"。 1792年4月，法国对奥地利宣战，引发了一场持续一代人的冲突（中间有两次短暂的和平，一次在1802年，另一次在1814年）。直到1815年6月拿破仑在滑铁卢惨败，战争才结束。与好战分子的乐观期望相反，战争的最初阶段，形势对法国相当不利，巴黎一度陷入被入侵军队占领的危机。这场危机使紧张的局势更为严峻，并在1792年8月引发了第二次革命。这次革命推翻了君主立宪制，建立了法兰西第一共和国。

战局愈演愈烈，到1793年春天，法国几乎四面楚歌。1月，国王路易十六被处决，英国加入了战争。正是在战时背景下，革命者组成了由激进的雅各宾派领导的政府，他们对敌人采取了严酷的手段，包括使用新发明的断头台。

在1793年到1794年的危机中，曾经反对死刑的罗伯斯庇尔变得与许多革命者一样，成了恐怖行动的拥护者。但是他对革命的军事化仍然深感不安，他警告说，军事扩张会让将军的权力空前扩大。他列举了尤利乌斯·恺撒、奥利弗·克伦威尔等人的例子。这些人利用自己对军队的掌控，推翻了当时的政权。而且，革命派中的两位将军拉法耶特和杜穆里埃兹，确实已经试图率领军队反抗革命政府了。因为害怕军队形势会进一步恶化，大革命的领导人打算用恐怖手段来消除不合时宜的野心。对忠诚和能力受到怀疑的将军，他们丝毫也不手软。1793年至1794年，许多将军被捕，好几人被处决。

1794年6月，法国军队在弗勒鲁斯取得了重大胜利，击败了由哈布斯堡元帅科堡亲王约西亚斯率领的联军。这次胜利解除了法国被入侵的危机，因此不必再实行恐怖政策，于是罗伯斯庇尔和雅各宾派的垮台也不远了。许多历史学家认为，罗伯斯庇尔是恐怖政策的幕后策划者，但是事实上，很多革命者都参与其中。

> 雅各宾派政府垮台后，革命态势从防御变成了扩张……新的机遇，让波拿巴蠢蠢欲动。

雅各宾派政府垮台后，革命形势从防御变成扩张。军事上的胜利不再是抵御外部入侵，变成了侵占和掠夺其他国家的资源；让新政治体制下的督政府生存下去，也是当时执政者的目标。

波拿巴的重大突破

拿破仑一直怀有雄心壮志，面对新的机遇，总是蠢蠢欲动。他审时度势，抛弃了与雅各宾派的短暂调情（因被怀疑是雅各宾派的同情者，他曾在罗伯斯庇尔垮台后被监禁了一段时间）。1795年10月，挽救他军事生涯的机会降临了，他奉命带兵去镇压巴黎保皇党在旺代米尔的叛乱。

对拿破仑来说，重大突破出现在1796年。当时五人督政之一的保罗·巴拉斯提名，让拿破仑率领法国军队入侵意大利北部。在与奥地利人的战争中，拿破仑打了一些非常漂亮的胜仗，建立了一个法律面前人人平等的奇萨尔皮纳共和国。他还将抢掠来的价值1500万法郎的艺术品和大量现金运回了法国；第二年春天，又运回了价值3500万法郎的艺术品和现金。

波拿巴雄心万丈地返回了巴黎，然后召集军队入侵埃及。这是法国首次尝试确立自己在北非的殖民统治。波拿巴希望通过埃及进入印度，进而挑战英国在那里的统治。

▲ 1796年，拿破仑率领法国军队侵入意大利北部。在安托万·让·格罗斯绘制的这幅油画中，拿破仑手握意大利武装军队的旗帜。然后，他带着雄心勃勃的计划回到了巴黎。

波拿巴写信给督政府的领导人说："现在是时候了，我们想要真正摧毁英国，就必须占领埃及。"外交部长塔莱兰德支持波拿巴的策略，他是旧政权的主教和世袭贵族，在受到激进的雅各宾派政权惊吓之前，转向了革命。现在，塔莱兰德是督政府中的关键人物，是一名政治幸存者和狡诈的政客。在法国以后的政治斗争中，波拿巴充分利用了塔莱兰德的外交技巧，甚至称他为"丝袜里的大粪"。出征埃及，拿破仑也有自己的私心。他想建功立业，成为伟人，所以他有意识地追随亚历山大大帝的步伐，希望能重现亚历山大大帝征服埃及一事。

法国军队于1798年7月到达埃及。波拿巴将自己包装成给埃及人带来自由的人，他宣称，要帮助埃及人摆脱骑在他们头上的马穆鲁克压迫者，同时也会尊重当地的宗教信仰和文化习俗。他在给埃及人的宣言中说道："我来是为了恢复你们的权利，惩罚那些篡夺政权的人，并对穆罕默德奉以真正的崇拜……我比马穆鲁克人更尊重上帝、先知和《古兰经》。"他还宣布，科学家和艺术家也随着法国军队进入埃及，占领埃及将会推动科学进步和欧洲启蒙运动。

> 拿破仑承诺，在解决政治危机并确保国家安全之后，他将放弃执政。

从一场危机到另一场危机

在开罗附近的金字塔战役中获胜之后，法国人的处境很快发生了变

▲ 1798 年 7 月，金字塔之战中的波拿巴。他希望重现亚历山大大帝对埃及的征服。

化。尼罗河之战中，霍拉蒂·纳尔逊率领英国海军舰队在阿布基尔湾重创法国军队。之后，英国舰船封锁了法国人的供给线，法军被困，处境日益艰难。在酷热的沙漠里，法军装备不足，缺水缺粮，而且疾病蔓延，兵员不断减少。波拿巴下令继续前进，军队一直行至埃及西部边缘，即现在的中东地区。法国人占领了贾法，杀死成千上万的平民。随后，许多法国人染上了瘟疫。

这场灾难规模巨大，同时，拿破仑在法国的政治危机中嗅到了他一直在寻找的机会，于是波拿巴悄悄地抛弃了他的士兵，躲过了英国的封锁，乘船溜走了。1799年10月，他回到了法国，而此时有关他军事灾难的消息还不为人

▲ 拿破仑在贾法遭遇瘟疫。从埃及战争的泥潭中抽身后，他设法在1799年以胜利者的姿态返回了法国。

知。波拿巴一直是一个高明的活动家，在这个关键时刻，他更是将自己的才能发挥得淋漓尽致。他把自己打扮成一个胜利者，大批民众欢迎他的归来，希望他能成为法国的救世主。

与此同时，督政府正手忙脚乱地处理着接连不断的危机。政府首脑决心避免1793年至1794年间的政治激进主义和暴力，并且在规避右翼保皇党和左翼雅各宾派的威胁方面，越来越依赖军队。此时的法国，腐败横行，一些人从政治和社会危机中大肆获利，特别是在军需方面。

一群领导人，包括塔莱兰德和另一名前革命者西耶斯督政，决心发起一次政变，废除督政府，让一位强大的军事首领上位。督政之一的巴拉斯因腐败而臭名昭著，用钱买通他，让他保持沉默，是一件很简单的事。但是，拿破仑差一点失去了从共和国这次危机中受益的机会。因为，另一个督政西耶斯不喜欢拿破仑，只是西耶斯属意的巴塞洛缪·乔伯特将军8月在意大利战死了，他才转而选择了拿破仑。

1799年11月9日（即雾月18日，根据法国大革命的日历推算），拿破仑发动政变，上台执政。雾月政变也成为历史上摧毁民选政府的一个鉴戒。督政府的执行权力已被废除，拿破仑下一步要做的是推翻立法议会机构。他的兄弟吕西安当选为主要议会机构五百人委员会的主席，掌控了决定性的话语权。

有人谎称雅各宾派正在策划阴谋，打算袭击议会代表。出于安全考虑，五百人委员会从巴黎迁至圣克劳德，但实际上这使得议会代表更容易受到军队的控制。原定的计划是，拿破仑进入辩论大厅后直接向议员代表讲话，解释他政变上台的理由。但是，当拿破仑回顾他在政变中扮演的角色，把自己描述成政变的发动者、一个英勇的超越党派的维护秩序和安全的救星时，现实却与他的设想相反。他不是一个善于在公共场合演讲的人，现场一些代表愤怒地大喊"打倒独裁者！"，他开始结结巴巴，说话都不连贯了。最终，他晕倒了，然后逃离了会议厅。

出来救场的是拿破仑的兄弟吕西安。他找到守卫在会议厅外保护五百人委员会的士兵，说自己的兄弟正受到刺客的威胁。吕西安向士兵保证，他兄弟唯一的愿望是捍卫神圣的自由。他拔出了一把剑，以戏剧性的姿态顶在拿破仑的胸膛上，发誓说，如果拿破仑是骗子，他就杀死他的兄弟。这个方法发挥了作用，士兵们冲进会议厅，用刺刀驱散了代表，代表们跳窗逃离会场，进入暮色中的圣克劳德公园。

拿破仑做出过许多承诺和保证——他将保护并维持共和国；他将捍卫革命的原则；在解决政治危机并确保国家安全之后，他将放弃执政。然而，他什么都没有兑现。

作为领导者，拿破仑最为出色的手段之一，就是他能够将貌似合理的谎话巧妙地传递给愿意相信他的公众，从而巩固自己的声望。对于那些仍然不信服他的人，他会以同样娴熟的手段来胁迫或镇压。拿破仑的统治不是赤裸裸的军事独裁政权，他非常谨慎，至少表面上维持了协商体制、选举产生的议会和公民投票。

拿破仑将真正的权力牢牢掌握在自己手中。但他知道，他的声望和法国人民对他的接受程度，来自他在军事上的不断胜利。

玛丽莎·林顿（Marisa Linton），金斯敦大学历史学名誉教授，著有《选择恐怖：法国大革命中的美德、友善与真实》（*Choosing Terror: Virtue, Friendship and Authenticity in the French Revolution*, Oxford University Press, 2013）。

拿破仑来了

1804年，拿破仑加冕称帝，此时他的野心已经扩展到英吉利海峡对面的岛国。本篇文章中，尼古拉斯·贝斯特（Nicholas Best）将告诉我们，拿破仑打算如何入侵英国，而英国又会采取什么行动来制止他。

1804年12月2日，拿破仑的加冕典礼在巴黎圣母院举行。他身穿绸缎礼服，上面镶满了钻石，脚登高跟靴子，右手握着查理大帝的权杖，缓缓进入圣母院的门廊。

特地从罗马赶来参加加冕大典的教皇在中殿迎接他。加冕典礼部分遵循宗教仪式，但主要环节是世俗化的。拿破仑·波拿巴的王冠上装饰着黄金制成的月桂叶，这让他看起来像罗马的皇帝。加冕的那一刻，拿破仑拿起皇冠，将它牢牢地戴在自己的头上，而不是按照传统仪式，让教皇为他戴上皇冠。对他这一举动，站在一旁的教皇满脸不以为然。

加冕大典之后，拿破仑和他的妻子约瑟芬从巴黎圣母院出来，接受街道两旁拥挤的人群的欢呼。不管他的军事成就如何的伟大，拿破仑并不是受巴黎普通民众爱戴的人。民众只是喜欢加冕典礼的热闹景象、灿烂的焰火和耀眼的装饰，对拿破仑本人却没有多少热情。后来，他酸溜溜地说，

1804年12月2日，拿破仑·波拿巴在巴黎圣母院加冕为法国皇帝，约瑟芬为皇后。

如果民众有热情的话，他们更喜欢的是他的妻子。对拿破仑来说，加冕典礼是他人生中极为重要的高光时刻。他在5月被拥戴为皇帝，他宣称那是"在法国建立和平与安宁的必经之路"。尽管经受过大革命的恐怖袭击，法国民众仍然习惯君主专制，他们厌倦了国家元首不断遭受阴谋和攻击。

▼ 图为希波利特·德拉罗什在 1807 年绘制的拿破仑肖像。

法国人希望拿破仑登基称帝并且他的子嗣能够继承皇位，结束敌人谋杀他的企图，确保新政权的连续性和稳定性。但是仍然有很多法国人更期待波旁王朝回归，而不是吹捧那个科西嘉来的暴发户。

英国人大力煽动不满的火焰，他们把拿破仑视为威胁世界秩序的存在，深信1802年的《亚眠和约》带来的安定，只是拿破仑统治欧洲前喘息的机会。英国人在拿破仑的军队集结之前，于1803年5月再次对法国宣战。现在，他们的目标是不择手段地推翻拿破仑。

英国人不愿意暗杀他国元首，但如果有可能，他们很愿意出资支持拿破仑自己的人民推翻他。所以，英国人在肯特郡的沃尔默城堡存放了大量金币，到了晚上，他们会把这些钱运往法国，交给无数试图终结拿破仑政权的间谍和特工。

这种私下的金钱交易非常猖狂，以至于法国外交大臣塔莱兰德提出了正式抗议，指责英国干涉法国的内政。英国人一下子被问住了，答不上话来，他们无法否认这一外交丑闻。英国人在回应中称："交战中的国家有权利用对方国家的任何不满。"

法国人由此得出结论，结束战争最快的方法是在英国、俄国、奥地利结盟之前先入侵英国。只要征服了英国，就不会有同盟，拿破仑就可以放手去实现他对意大利、埃及、土耳其和北欧的野心。此外，拿破仑也垂涎英国的财产，比如西印度群岛的糖岛和印度那些好似无尽的资源。他的目标是让法国取代英国成为地球上最富有、最强大的贸易大国，而且他是法国的首脑。他认为自己是另一个查理大帝，意图把整个西欧整合成一个新的法兰克帝国。一旦英国被击败，就没有什么力量可以阻止他了。

> 拿破仑的目标是让法国取代英国，成为世界上最富有、最强大的贸易大国，而他将是那个国家的首脑。

一支真正伟大的军队

1803年战火重燃之后，拿破仑立即集结军队，准备入侵英国。这支军队最初的名号是"英格兰军团"，后来更名为"伟大军团"，巅峰时期大约有16.7万名士兵。这是一个惊人的数字，因为在那个时代，要维持一支如此庞大的军队，后勤供应的困难比现在要大得多。大多数士兵驻扎在加来和布洛涅之间的悬崖上专门建造的营地之中，天气晴朗的时候，在那里可以清晰地看到英格兰的地貌。

这些隔着英吉利海峡遥望英国的军人，是法国陆军的精英，他们是精挑细选出来执行入侵英国任务的。几乎所有军官都在意大利、埃及和其他战场上打过仗，一半以上的士兵也有过这样的经历。这支军队有像内伊、苏尔特和达武那样出色的指挥官，在现代历史上，它是空前强大的。

一名下级军官写道："我认为，在人类历史上，从未有一个国家有过像布洛涅营地

▼ 克鲁克香克在 1804 年 7 月 9 日完成的雕刻《新皇帝的提案》，图为拿破仑和约翰·布尔。（"我将看着你先死。"）

吓坏英国的妖魔

被描述成邪恶化身的拿破仑

对英国人来说，拿破仑是一个巨大的妖魔。在流行文化中，拿破仑成了所有恐怖事物的化身。有一首英国童谣说，拿破仑像鲁昂教堂的尖顶一样又高又黑，每天都会吸捣蛋的人的血。大人警告孩子，如果他们不听话，拿破仑就会从烟囱里爬下来把他们抓走。教科书的封面上印有"拿披"（尿布）挥舞九尾鞭的图片。在动画片里，他是邪恶的矮人或是科西嘉岛的狐狸。有一幅漫画，画着一个粗鲁的人用干草叉叉住拿破仑的头。"哈！ 我的小邦妮，你现在怎么看待约翰尼·布尔？到我们的房子里来抢掠，嘿？强夺我们的妻子和女儿，嘿？"英国人下定决心，绝不能让那样的事情发生。

▲ 吉尔雷在 1803 年蚀刻的拿破仑画像。标题是《登陆后 48 小时！》。

那样完美的军事学校。指挥它的将军，接受命令的其他将军以及他们的下属，都是从法国军队中精心选拔出来的。有史以来最伟大的将军拿破仑·波拿巴经常亲自来视察他的旧部，以及在那些杰出榜样下成长起来的新兵。"

新皇帝清楚地知道，他的士兵占领伦敦后他需要做什么。拿破仑宣称："在上帝的帮助下，我将终结英格兰的现在和未来。"乔治国王会被推翻，建立一个人人享有自由、平等和博爱的共和国；贵族会被废黜，没收其土地和精美房舍；上议院会被废除，而下议院在进行重大改革后允许保留。人人享有民主，财产的重新分配也将有利于普通劳工。他会发布一项公告，宣布法国人作为朋友而来，目的是恢复人民的政府，从腐败的贵族统治下解放平民。

但是，要实现任何一条承诺，拿破仑都必须让他的军队渡过海峡。法国军队在附近的海滩上反复练习登陆，乘登陆艇冲上海岸，攀爬布洛涅的悬崖。有时，他们会安排自己的舰船向岸上开炮，让士兵感受真实的战场情景。对于年轻的士兵来说，这些实战演练实在太真实了："在一次攻击演习中，我第一次闻到了弹药的气味，并接受了炮火的洗礼。我不想承认，当时我真的很害怕！现实中的危险太可怕了，炮弹的杀伤力非常残忍，子弹横飞，周围堆满尸体，这都会让新兵心跳加速。但是我们很快就习惯了。老兵询问的眼神、轻蔑的笑容，尤其是对恐惧的嘲笑，消除了所有的紧张情绪，我们最终都爱上了冒险。"

"英国将是我的，全是我的"

在布洛涅悬崖上的电报台旁，拿破仑在专门为他建造的木制凉亭中监督演练。亭子中的桃心木三脚架上有一个四英尺长的望远镜，对着英国的多佛。在晴朗的日子里，拿破仑喜欢隔海望着远处的城堡，有时会自言自语，只要能有几个小时的好天气，他就能拿下英格兰。

正是在那座凉亭里，拿破仑的海军上将向他汇报了入侵英国的困难。拿破仑调动了2000多艘船供渡海作战，但它们都紧紧地挤在海峡沿岸的几个港口里，不可能靠一次涨潮就全部下水出战。要让所有的舰船出海，需要几天的好天气，那样英国皇家海军肯定会反击。法国舰队还要绕过海峡中的沙洲，躲避海峡中难以捉摸的暗流。船队使用的平底驳船在近岸登陆时是理想之选，但用于横渡海峡非常不安全。即使是最轻微的浪潮，也会将渡船打翻，让数千人淹死。拿破仑是一名士兵而不是水手，他在草拟计划时，并没有考虑到整个行动面临的所有困难。

不管有多少阻碍，拿破仑都下定决心要入侵英国。因为，只有灭掉英国，拿破仑才能在欧洲其他地方大展拳脚，英国人对此非常清楚。拿破仑在紧锣密鼓地备战，英国也加强了间谍活动。仅在1804年6月，就有8名衣冠楚楚的英国人在布洛涅被抓，他们都携带燃烧器具，试图纵火烧毁拿破仑的舰队。被抓后一小时，他们就被枪杀了。

在这些人之后，又来了一名英国人。他在拿破仑本人面前被搜身，结果发现他衣服里缝有一张地图。那张地图上标示了布洛涅所有最新的防御工事，包括拿破仑在悬崖上的那座凉亭。当法国人撕破他的背心衬里时，那名男子承认他是一名间谍。他说："好吧，游戏开始了。已经来了20名特工。"

英国的准备就是干草叉

对于拿破仑登陆，英国并没有做好防御准备

1803年再次宣战之后，法国入侵英国似乎近在眼前了。在加来和布洛涅之间的悬崖上，可以清楚地看到拿破仑军队的帐篷，而且那里的帐篷越来越多。夜间，军营灯火通明，很有威慑力，有时可以听到海面上炮声轰隆作响。多佛和福克斯通的人不止一次地收拾行李逃往英国内陆地区，因为他们坚信，对岸的活动预示着法军马上就要到来了。

英国并没有为抵御入侵做好准备。海军缺少舰船，军队沿着漫长的海岸线稀疏地布防。成千上万的平民赶赴前线，加入民兵或志愿者组织，但是，当时连军服都不够，更不用说武器了。"如果你无法购买一把火枪，就必须学会使用干草权或木棍。"

海岸线上只有少量永久性的防御工事。除了多佛城堡和几座快要倒塌的都铎式城堡，肯特郡和苏塞克斯郡的领地内没有任何军事工事。英国的防御太弱了，几乎可以肯定，拿破仑和他的军队能在登陆五天后到达伦敦。

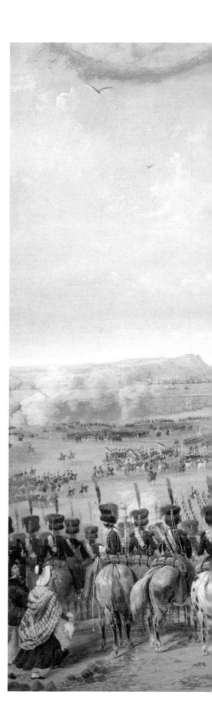

▲ 1804 年 8 月 16 日，气势如虹的拿破仑大军集结在布洛涅。

最夸张的是有一天来了一位美丽的英国女性，她向拿破仑的工作人员做了自我介绍，然后坚持只能贴耳向皇帝传达信息。几乎可以肯定她是一个间谍，希望能在床上从拿破仑那儿搞到一点秘密。拿破仑还是在凉亭里单独见了她，但他抵挡住了她的各种引诱，最后她一无所获。

军舰集结，士兵也准备就绪，现在，拿破仑面前唯一的障碍就是一直封锁着海峡港口的英国皇家海军了。1805年春天，拿破仑制定了一项计划，派遣海军上将维伦纽夫率领一支庞大的法国和西班牙联合舰队去攻击英国在西印度群岛的领地。他认为，皇家海军将不得不放弃封锁港口，前去解围，英国人不会眼睁睁地看着法国人占领自己的糖岛。为了增强这招调虎离山的效果，拿破仑本人还特意去了意大利，试图让英国人获得一种虚假的安全感。7月，拿破仑秘密返回法国，并于8月3日回到布洛涅准备发动进攻，只是他发现皇家海军仍然封锁着港口。

拿破仑毫不畏惧，他寄希望于维伦纽夫从西印度群岛归来。8月21日凌晨3点，拿破仑下令军队开始行动，他坚信维伦纽夫的舰队能在黎明时出现，抵御皇家海军，掩护法军登陆。军官立即归队，准备登陆的命令传来时，拿破仑的继女霍尔滕斯正在参加一个军官宴会。他们在黑夜中奔向布洛涅时，她紧跟在后面。"当这样重大的事件发生在眼前时，我感到一种难以形容的感情控制了我。我想象自己亲眼看到了战场，看着我们的船只沉入海水深处。我因为这样的念头而浑身颤抖。"

然而，维伦纽夫的战舰并未在黎明

> 军舰集结，士兵也准备就绪，现在，拿破仑面前唯一的障碍就是一直封锁着海峡港口的英国皇家海军了。

时分出现，拿破仑只能取消登陆行动，并宣称这只是一次演习。军人们下船，然后跋涉回营，很多人非常愤怒，因为他们卖掉了自己的手表，以便到了伦敦以后能有钱花。

幸运女神站在英国一边

几天后，拿破仑再次集结军队，同时宣布了让人震惊的消息。奥地利对拿破仑访问意大利时吞并其部分领土感到震惊，并且得到了英国的黄金资助，于是向法国宣战。奥地利军队进入巴伐利亚，打算在那里与俄国军队联合起来，跨过莱茵河进攻法国。

拿破仑立刻做出了回应。他在布洛涅留下2.5万名士兵，让英国人猜不透他的意图，然后率其余兵力火速赶往莱茵河。大军在几个小时内就开拔了，以惊人的速度急速穿越法国。法军的出现让奥地利人大吃一惊，他们先在乌尔姆击败了奥地利人，然后在奥斯特里茨将其彻底击溃。拿破仑原本打算在解决了奥地利的威胁后立即赶回法国，继续他入侵英国的计划。但是，维伦纽夫的舰队已在特拉法尔加被纳尔逊摧毁了，英国不会再受到入侵的威胁了，不过拿破仑还是在欧洲占了上风。战争又持续了十年。

尼古拉斯·贝斯特（Nicholas Best），撰稿人和前《金融时报》的文学评论家。著有《特拉法尔加：历史上最伟大的海战中那些不为人知的故事》（*Trafalgar: The Untold Story of the Greatest Sea Battle in History*, Weidenfeld and Nicolson, 2005）。

特拉法尔加海战

1805年10月21日，纳尔逊在特拉法尔加海战中获胜，粉碎了拿破仑入侵英国的计划。接下来，我们将探讨这场产生深远历史影响的海战。

特拉法尔加海战

这场海战，英国、法国和西班牙三个国家出动了60艘军舰。纳尔逊抓住机会，彻底摧毁了拿破仑入侵英国的希望。蒂姆·克莱顿（Tim Clayton）将为我们详细描述这场海战。

海战中的士兵

彼得·霍尔（Peter Hore）研究了耗时20年完成的特拉法尔加画卷，画卷描绘了纳尔逊麾下1.8万名士兵有趣的生活图景。

海战的后果

对多年来一直活在法国入侵阴影之下的英国来说，特拉法尔加海战的胜利是一个巨大的解脱。但是它对英国的未来意味着什么呢？英国海军历史学家安德鲁·兰伯特（Andrew Lambert）将会为我们解答这个问题。

这张画生动地表现了战争场景。交战双方距离过近，火炮无法发挥其优势，而高超的近战技巧让英国人占据了极大的优势。

▲ 克拉克森·斯坦菲尔德在 1836 年绘制的画作（他于 1808—1816 年在英国皇家海军和东印度公司的舰船上服役）中，想象了特拉法尔加海战的场景。

特拉法尔加海战是在十分紧张的气氛下开始的。虽然在1802年英国与法国结束了八年的战争，但1803年两国再次交战。不可战胜的法国将军拿破仑·波拿巴一直在海峡沿岸集结军队，并且建造渡海的驳船，西班牙无奈于1804年作为法国的盟友加入战争。1805年春天，新加冕的皇帝拿破仑准备启动他征服英国的计划。他精心布置战术，试图诱使英国舰队前往西印度群岛，调虎离山，然后他的军队趁防守空虚，安全渡过英吉利海峡。负责这项行动的法国海军上将皮埃尔·维伦纽夫成功地避开了英国将军纳尔逊，然后与一支打算前往西班牙北部拦截他的英

▼ 出版商约翰·费尔伯恩在 1805 年印制的插图，表现了纳尔逊在特拉法尔加海战中进攻法国和西班牙联合舰队的场景。

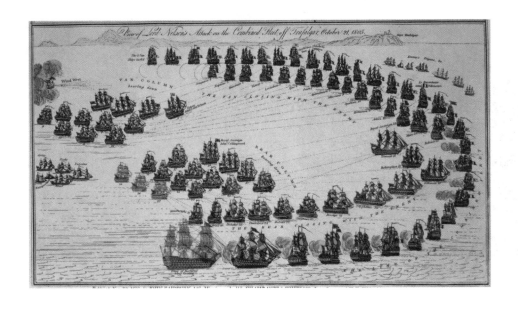

军分舰队打了一仗。

拿破仑正焦急地等待维伦纽夫前往布洛涅，但维伦纽夫认为自己兵力受损，无法继续行军，于是退回了维戈，然后回到了西班牙加的斯海军基地。加的斯是一个坚固的港口，舰队可以在那儿进行修整。维伦纽夫的决定受到了经验丰富的西班牙海军上将格拉维纳的影响，而格拉维纳接到密令，禁止他参与入侵英国的行动。拿破仑对维伦纽夫的失利深感愤怒，他转而向与英国结盟的奥地利人和俄国人发动进攻。8月下旬，他发动了一场雷电出击行动，最终于12月2日在奥斯特里茨取得了巨大的胜利。

9月28日纳尔逊指挥英国舰队封锁加的斯后，拿破仑立即入侵英国的计划已成泡影。维伦纽夫的舰队接到了驶向地中海的新命令。尽管他们在加的斯修整，但补充人员和物资并不容易，因此直到10月，舰队才准备离开。维伦纽夫知道拿破仑对他不满，有关他即将被调离的流言已经在报纸上传得沸沸扬扬。他的下属军官则认为应该在加的斯的防御工事后面等待，等来一个恶劣的天气，这样他们就不用出战了。

观望和等待

纳尔逊将舰队撤向葡萄牙海岸，派出一支护卫舰分队去监视加的斯，并且留下许多船只来传递信号。纳尔逊判定法国和西班牙舰队将在天气恶劣时出战，所以命令下属保持高度警惕。他为海战拟定了一个计划，并在9月29日和30日晚餐的时候，将计划传达给所有舰长。

在特拉法尔加海战前的150年里，海战的策略都集中在排兵布阵上。大型战舰装备精良，船舷两边都装有大炮，但船首和船尾是薄弱部位。所以作战时，会将舰船首尾相连排成一列，从宽边船舷发射炮弹。打破敌人的防线早已成为英国的标准战术，把纳尔逊当天的计划简化一下，就是英国舰队兵分两路，一支由纳尔逊指挥，另一支由科林伍德指挥。

在总体作战计划之下，科林伍德有一定自主指挥权，他的编队将排成直列接近敌人，以掩护真正的攻击点。为了进一步迷惑敌人，纳尔逊瞄准了法军舰队最前面的船只。然后，他用特意为那场战役发明的信号指示科林伍德赶上来，两支分队同时出击，一起进攻敌人后方的12艘船。交战时，每艘英国舰船都试图越过敌军的船尾，使其倾斜，然后从背风处（离风口最远的一侧）攻击。

假意进攻前锋舰船，迷惑敌人后，纳尔逊对敌军舰队的中部发起真正的进攻，因为他认为敌军将领会在那附近。 他的舰队前排是火力强大的三层炮台舰船， 科林伍德的前锋船只也是重型装备，二人联手摧毁了敌人中部和后部的舰船，而此时敌人的前锋舰船却无法回援。

> 最终，纳尔逊会从舰队中心处突破法国人的阵列，他预计敌军首领会在那个位置。

这些复杂的战术显示了英国海军的骁勇善战，也对战况产生了决定性的影响。 为了最大限度地减少与敌船短兵相接的时间，英国人不顾敌军的炮火，全速前进，直奔目标， 一切都以最快的速度完成。

火速赶往前线

10月2日，纳尔逊将他最好的6艘船派往直布罗陀进行补给， 这成了战争的催化剂。 维伦纽夫得到的最新消息是纳尔逊只有21艘船，而法国和西班牙联合舰队有33艘，他认为装备上的优势可以弥补训练的不足。之前，维伦纽夫的名誉因怯战而受损，他的朋友海事大臣德克雷丝也曾暗示他要迅速采取行动，所以在这次海战中，他在从巴黎来的继任者到达之前，就下令出海了。

在接到前锋侦察编队的情报后，纳尔逊急速驶向直布罗陀海峡，比渐渐丧失风势的敌人先期到达。第二天的海况很糟，但英国舰队仍然保证了顺畅的通讯，他们驶出海峡进入大海。

10月21日拂晓，英国人看到11英里外的法国和西班牙联合舰队正接近特拉法尔加海角，在往海峡方向行驶。 到了晚上，风几乎消失了，纳尔逊的计划变得更加冒险。他的舰队只能低速前进，而这样很容易受到敌人火力的攻击。 纳尔逊权衡了各种可能性，把赌注押在西风会骤起，以及大炮的烟雾会降低法国人炮火的准确性上。

英国需要一场置敌于死地的胜利。 海军上将卡尔德在7月间与维伦纽夫交过手，但因进攻不力而受到军法审判。纳尔逊认为，必须立即开战。显而易见，领头的舰船会受到重创，为了激励人心，纳尔逊和科林伍德都带领各自的编队进攻，以期为那些踌躇不前的舰长树立一个榜样。

> 纳尔逊和科林伍德都带领各自的编队进攻，以期为那些踌躇不前的舰长树立一个榜样。

维伦纽夫预计纳尔逊会将法国的舰队分割开来，然后各个击破。他命令与纳尔逊舰队实力相当的21艘船组成紧密的防御阵列，以抵御纳尔逊的进攻。

维伦纽夫还把西班牙海军上将格拉维纳12

◀ 尼古拉斯·波考克绘制的特拉法尔加海战油画。他以前当过水手，其画作大部分与海军有关。

艘最好的战舰，放在他认为最有利的地方。由于缺乏熟练的水手和大量训练有素的士兵，维伦纽夫打算实行近战。他的士兵经过训练，可以扫清敌船的甲板，然后登上敌船，将海战变成陆战。在经典战例中，罗马曾用这样的方式打败了占有优势的迦太基水兵。

可是，维伦纽夫发现纳尔逊有26艘舰船，而不是他原先预计的21艘，他开始感到不安。另外，英军还有一艘"非洲"号在夜间航行时脱离了舰队，现在正从北面驶来与大部队会合。与英国人相比，对缺乏经验的法国水手来说，风力不足是一个很大的问题。法国的舰船很难到达指定位置列阵，他们的阵列中要么有空隙，要么首尾重叠。

发现纳尔逊威胁到自己的后段，维伦纽夫下令舰队转向，面向加的斯。这使得整个舰队更加混乱，尤其是舰队后段。格拉维纳部的行动也受到了限制，因为他的船只与法国舰队的后段纠缠在了一起。格拉维纳试图将自己的兵力分成两部分，一部分来抵抗纳尔逊的进攻，另一部分前去增援友军，但由于局势过于混乱，这个计划根本无法实施。

投入战斗

维伦纽夫再次下令让舰队转换方向时，科林伍德发现自己正如计划的那样对着敌人的后段。此时风力很弱，科林伍德意识到，在这种情况下，他不可能与纳尔逊齐头并进，因此向舰长们发出信号，让编队中的所有舰船转向同一个方向，以形成有效的进攻阵列。这是一条参差不齐的阵列，英国的舰船两三艘一群进入阵列，但每艘船都以最快的速度行进。有一两艘船速度慢了一点，就会被抛在后面。

当科林伍德的编队向前急驶紧逼的时候，纳尔逊带领他那支勉强成列的编队向敌方的中段驶去，大多数船员都抓紧时间吃了一些早午餐。11时45分，科林伍德的"皇家主权"号驶近法国舰队，维伦纽夫下令开炮，并在桅杆上升起了军旗，他终于暴露了自己的位置。科林伍德马上率部逼近，但遭到了法国军舰的猛烈轰击。

纳尔逊继续朝法国和西班牙联合舰队的指挥官杜曼努尔的座舰冲去。在经受法国人一段时间的炮击之后，他让自己的船左转90°，将右舷横过来面向敌舰，开炮回击。然后他转向维伦纽夫的军舰，慢慢向其逼近。跟在纳尔逊后面的其他英国舰船，包括正在赶来的"非洲"号，继续与杜曼努尔周旋，让他感到自己仍在被攻击。

午后不久，科林伍德终于突破法国人的阵列，瞄上了西班牙舰队三层甲板的"圣安娜"号。因为从尾部往前数，这不是第12艘船，而是第16艘船，所以他给舰长们下了一个比原计划更为艰巨的任务。英军"贝莱斯勒"号突破了法国人的战阵，但随即又被多艘法国军舰包围。"火星"号试图突破阵列，未成功，反而被法国"普卢顿"号打残了，舰长战死。但是领头的英国舰船坚持了下来，随后越来越多的英国船只加入这场混战，他们最终战胜了敌人，法国和西班牙的舰船或被俘，或逃窜。

纳尔逊的"胜利"号人员伤亡严重，几乎失去控制。它从法国旗舰"劈由森涛"号旁驶过，撞上了法舰"强大"号，在法国和西班牙联合舰队的阵列中撕开了一个口子。英国的"海王星"号带着"利维坦"号和"征服者"号冲过了这个口子，摧毁了法国人的旗舰和西班牙人庞大的"圣提西玛–特立尼达"号。"胜利"号与"强大"号之战是典型的近战。"强大"号的士兵用手榴弹和小型武器清理了"胜利"号的顶层甲板。最后，纳尔逊也战死了。不像其他人那样幸运，他受了致命伤。从敌船主桅顶部射来的一颗铅弹打中了他的脊椎，他的肺里充满鲜血，三个小时之后，他死了。

清扫了"胜利"号的顶层甲板后，"强大"号的船员们聚集起来，准备登上英国人的舰船。但就在那一刻，英国战舰"莽撞"号撞上了"强大"号的另一侧船舷，"莽撞"号发射的一颗32磅重的炮弹炸死了一大片法国海军。杜曼努尔开始转向，但为时已晚。风势微弱，他们想去援救维

▲ 奥弗恩德在 1864 年创作的石版画，纳尔逊站在他的水手和士兵中间。这是特拉法尔加战役中"胜利"号上的一个场景。

伦纽夫，可这太难了。那些试图挽救维伦纽夫的人，或被分隔包围，或被打退。杜曼努尔转而驶向直布罗陀海峡，而受了伤的格拉维纳率领有生力量回到了加的斯。临近日落，法国战舰"阿基里斯"号爆炸后沉没，整个海战结束了。

科林伍德现在要指挥44艘舰船了，包括海战中俘获的18艘法国舰船，许多船上都有弹孔，却没有桅杆。他还有一万名俘虏，许多都受了伤。强劲的阵风吹向多石的海岸，气温骤降，纳尔逊曾下令让所有船只在战斗结束后抛锚停泊，但科林伍德取消了这项命令。第二天早晨，他们的编队在恶劣天气中拉长了；下午，一艘俘获的法国舰船沉没了，另一艘漂上了石岸。有三艘法军军舰逃跑，又被追了回来，但有几艘西班牙舰船驶向了加的斯。这些船只，都要训练有素的英军与俘获的西班牙和法国水手合力，才能开动。

10月23日，法国和西班牙舰队再次从加的斯出击，收复了"圣安娜"号和"海王星"号。"阿尔及斯拉"号、"艾格勒"号和"劈由森涛"号也逃离了英国舰队，但"劈由森涛"号还是在加的斯外海沉没了。科林伍德率领他的舰船北上迎击法国和西班牙联合舰队，但等他赶到那里时，联合舰队已经回到加的斯了。那天晚上，狂风在加的斯湾吹散了三艘舰船，将另两艘舰船吹上了岸。科林伍德担心大风会吹走更多被俘的法国舰船，虽然大多数船都停在加的斯北部相对安全的开放水域，但其中一些船锚定在奇皮奥纳以南的海岸附近，这样并不安全。对于剩下的船只，科林伍德决定带走所有的俘虏，然后将船沉入大海。风急浪高中，英国水手乘小艇出去，从即将下沉的军舰上带走了他们曾经的敌人。

风暴在10月24日晚上达到最高峰，强度非常吓人，而且持续时间超

英国的胜利

训练有素的海军和纳尔逊的战术是决定胜负的关键

英国人获胜的主要原因是士兵训练有素、纪律严明。他们已经共事多年，大多数水手都曾有过合作。他们知道自己的位置，懂得作为一个团队该如何协同。法国和西班牙的舰船虽然不久前有过航海和战斗的经验，但是一部分西班牙舰船上的水手经验不足，他们只在船上一起待了几个星期，相互之间不能很好地配合。英国有熟练的水手来校正舰船的速度和方向，从而能够迅速到达预定位置。在涉及战舰机动和迂回穿插的战斗中，几乎全是英国人获胜，唯一的例外是法国的"普卢顿"号打残了英国人的"火星"号。

占据有利的进攻位置之后，英国的炮兵军事素养也很高，多数人都能娴熟地快速发射炮弹。他们不仅有技术上的优势，英国铸造的大炮也更为精良，弹药质量亦是优于敌方，战场上的爆炸事故极少。与敌方相比，大多数英国舰艇都是重武器装备。英国的军舰在高层、顶层和前甲板上都用大口径短重炮取代了远程大炮，这使它们在近距离作战时具备很大优势。尽管天气并不理想，但纳尔逊的计划还是奏效了。杜曼努尔感到非常困惑，法国和西班牙队的中段和尾段不堪一击，而他们的主力战舰却没能及时赶来增援。

过24小时。法国的"无敌"号军舰沉没在加的斯海湾中，大约有1000人溺亡；另外有五艘舰船在离岸极近的地方沉没。

这场风暴造成的死亡，几乎与几天前战死的人一样多。幸免于难的英国人受到了当地民众的热情接待，民众对这场海上风暴的强度大感震惊，

战斗进程时间表

上午 6:00	上午 8:45	上午 11:45	下午 12:10	下午 12:45	下午 1:15
黎明时分，英国人看到了 11 英里外的敌军舰队。纳尔逊发出信号，要求他的舰队排成直列，先向东北方向航行，然后转头向东。	英国海军攻打法国和西班牙联合舰队的后段，联军司令维伦纽夫下令反击，整个舰队向后转。纳尔逊打算兵分两路，他与科林伍德各率一路，但风力不足，科林伍德无法与纳尔逊的编队并排列阵。于是科林伍德发出信号，让他的编队进入沿对角线前行的阵列。纳尔逊朝敌方舰队的前锋驶去，试图不让敌人发现他真正的意图（攻击后段）。	维伦纽夫升起他的军旗，下令开火。英国的"胜利"号受到攻击，这艘船一边回击，一边向右舷改变航向，直奔联合舰队阵列中央而去。维伦纽夫的副将杜曼努尔无法透过烟雾看清战场的情况，以为英国舰队仍然是冲着自己来的。	科林伍德的"皇家主权"号从西班牙"圣安娜"号后方插入了法国和西班牙舰队的后段。但科林伍德所在的位置太靠后了，这使得他的编队需要面对比原计划更多的对手。	"胜利"号从法国的"劈由森涛"号船尾驶过，撞上了法军的"强大"号，在联合舰队的阵列中打开了一个口子，英国的"海王星"号及紧随其后的船只都利用这个口子进行穿插。"海王星"号、"利维坦"号和"征服者"号一边娴熟地迂回穿插，一边对"劈由森涛"号的船尾进行猛烈的炮火轰击。	纳尔逊被"强大"号上的一名火枪手射中，受了致命伤。法国士兵在"强大"号的甲板上集结起来，准备冲向"胜利"号，但英国人的"莽撞"号失去控制，撞上了"强大"号一侧的船舷。"莽撞"号上的大炮配备霰弹和 18 磅的重磅炸弹，一大批法军士兵死于炮火之下。

并对英国海军救人一事深表感谢。西班牙人预计英国舰队会被摧毁，然而靠着英军精湛的航海技术，舰队中没有一艘船沉没。最终，英国人带着俘获的四艘严重受损的船驶入直布罗陀海峡，风暴为这场战役画上了句号——敌方舰队基本上被摧毁了。

下午 1：30	下午 1：45	下午 2：20	下午 3：00	下午 4：30	下午 5：30
"劈由森涛"号上的大部分大炮都被掉落的索具撞倒或盖住了。维伦纽夫发出信号，让主力战舰转向。他试图逃离险境，但舰船不受控制，而且所有的救生艇都被炮火击碎了。一刻钟之后，他投降了。	杜曼诺尔下令编队转向。但风势太小，他们很难调转方向。半个小时之前，"胜利"号的哈迪舰长遵照纳尔逊的指令，将舰船调整为左舷受风的航向。	此时，联合舰队的"圣提西玛－特立尼达"号、"强大"号、"福格"号、"圣安娜"号、"阿尔盖斯莱斯"号和"君主"号都投降了。战场中心的形势也是有利于英国人的，另外，西班牙舰队的将领格拉维纳也受伤了。	唯一面临被击沉危险的英国舰船"贝莱斯勒"号脱困了。西班牙舰队的"阿古努达"号、"巴哈马"号和法国舰队的"迅捷"号投降，法国和西班牙联合舰队的后段溃散了。	联合舰队中又有六艘舰船投降了。杜曼努尔停止进攻，转而驶向直布罗陀海峡。格拉维纳升起信号旗，让舰队的其余船只跟随他驶向加的斯。根据"胜利"号的日志，纳尔逊就是在那时阵亡的。	法国的"无畏"号和西班牙的"海王星"号投降，法国的"阿基里斯"号被炸毁。

蒂姆·克莱顿（Tim Clayton）与菲尔·克雷格（Phil Craig）合著了《特拉法尔加：水手、战斗和风暴》（*Trafalgar : The Men, the Battle, the Storm*, Hodder and Stought on, 2004）。蒂姆·克莱顿的最新著作是《黑暗中的交易：反拿破仑的秘密战争》（*This Dark Business: The Secret War Against Napoleon*, Little, Brown, 2018）。

特拉法尔加海战中的士兵

在特拉法尔加海战中，有1.8万名军官、水手和海军陆战队员为英国而战。彼得·霍尔（Peter Hore）指出，艾什福德（Ayshford）的《特拉法尔加海战名录》记载了战争背后一些有趣的故事。

20多年来，研究人员帕姆（Pam）和德雷克·艾什福德（Derek Ayshford）一直在收集参加特拉法尔加海战人员的信息，他们创建了《特拉法尔加海战名录》，登记了1805年10月21日在加的斯外海所有英国舰船点名簿上的21540个人名。名单（现在归1805俱乐部所有，可从ageofnelson.org网页上获取）列出了每个人的信息，包括个人服役的船舰名称、职级或等级，还记录了大多数人的年龄和出生地。文件中可以寻到的其他信息也录入了名单，比如家庭背景、照片、从军前的职业、退休金、个人荣誉、身体状况、伤病情况和死亡日期。有些人在战斗前已被遣散，或因执行其他任务不在场，因此，1805年10月21日参加战斗的实际人数为15558名军官和水手，以及2867名海军陆战队员。

帕姆和德雷克不仅参考了伦敦基尤国家档案馆的文献，还查阅了朴次茅斯皇家海军博物馆、英国国家海事博物馆、格林尼治博物馆和皇家海军陆战队博物馆中保存的档案。参与海战的人中英国人最多，占了一半以上。其中有1280人来自伦敦，这反映出泰晤士河作为港口，伦敦作为贸易中心和繁华的商业帝国之都的重要地位。

士兵和水手的第二大来源地是英格兰北部和南部主要港口地区，来自德文郡的有1115人，然后是兰开夏郡631人、格洛斯特郡531人、康沃尔郡499人、肯特郡486人、汉普郡482人、萨默塞特郡461人。显然，这些数字反映了利物浦、查塔姆、朴次茅斯和布里斯托尔等大型港口的地位。不过我们也可以看到，许多海军陆战队队员来自格洛斯特和萨默塞特。

大约有五分之一的人来自爱尔兰，爱尔兰是在1801年加入联合王国的。像英格兰一样，兵源主要来自港口地区，都柏林981人，科克789人。另外，大约有十分之一的人来自威尔士和苏格兰，就19世纪的总体人口而言，他们在舰队总人数中似乎占比偏小。不过那个时候，苏格兰移民势头火热，来自英格兰港口的斯图尔特人比来自苏格兰本身的斯图尔特人还要多。

在英国舰船上，每21个人中就有一人是在外国出生的，当然在辨别他们的国籍时须十分谨慎。例如，在有64门大炮的"非洲"号上，有一位23岁的列兵名叫佩特罗·卡莱里西（Petro Calerisi），这听起来是一个意大利名字，他加入海军时"深肤色和棕色眼睛"的体征描述，表明他很可能来自意大利撒丁岛。31岁的新水手威廉·莫里斯（William Morris），在有74门大炮的"阿贾克斯"号与法国战舰"无畏"号的战斗中受伤。他登记的出生地是墨西哥，但从他的名字中你看不到任何西班牙人或土著印第安人的痕迹。一些评论家在特拉法尔加的英国海军中有68名法国人一事上大做文章。但是，我们仔细研究这份名录就可以发现，很多人明显是法国人，但他们有英文名字；还有一些人，他们的名字被当时的书记员给英语化了。

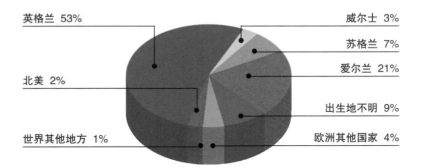

英格兰 53%

威尔士 3%

苏格兰 7%

北美 2%

爱尔兰 21%

世界其他地方 1%

出生地不明 9%

欧洲其他国家 4%

水手们是从哪儿来？

上图显示了参加战斗的水手们出生地的统计情况。许多人来
自伦敦或朴次茅斯那样的大型港口。

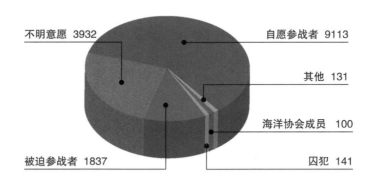

不明意愿 3932

自愿参战者 9113

其他 131

海洋协会成员 100

被迫参战者 1837

囚犯 141

他们是什么样的人？

参战者大多数是普通水手，但是非常能干。他们基本是自愿
加入皇家海军的，不过其中有十分之一的人属于被迫服役。

例如，25岁的约翰·罗林斯（John Rawlins）是一个被强迫征募来的人，登记的出生地是法国。他曾在海军服役好几年，为他的妻子贝茜（Betsey）挣得了非常好的配给供应。贝茜住在伦敦乔治街18号，约翰想必是一个纯种的英国人。

还有一些人不容易判断国籍。比如22岁的新水手皮埃尔·佩勒林（Pierre Pellerin），他可能在"火星"号上服役，在战斗中失去了肩关节以下的整个右臂。他出生在凡尔赛，父母的名字听上去像是法国人尼古拉斯（Nicolas）和珍妮特·佩勒林（Jeanette Pellerin）。年轻的皮埃尔在西班牙北部的费罗尔加入了皇家海军，1804年以后从未回过法国。1845年以后，他以海军退休人员的身份住在英国，还得到了海军服务勋章和特拉法尔加扣环。战斗开始之前，英国海军释放了一些法国人，让他们到一艘监狱船上去，但让·巴蒂斯托（Jean Baptisto）和杰克·布雷特（Jaque Brett）等显然是法军的逃亡者，他们躲在英国船上当了难民。

当时的登记簿上，有473人来自美国，还有53人来自加拿大，但在1805年，这两个国家都是令人讨厌的新的政治概念，而书记员可能也搞不清楚这两个国家的具体情况。威廉·戈登·卢瑟福（William Gordon Rutherford，也叫卢瑟弗德）出生于北卡罗来纳州的威廉斯堡，但是在爱丁堡长大，在圣安德鲁大学接受教育，最终葬于威斯敏斯特的圣玛格丽特教堂。他无疑认为自己是英国北方人，即苏格兰人。

18岁的低阶军官理查德·伯克利（Richard Bulkeley）的出生地简单地写着美国，他是在纳尔逊弥留之际跟他说过话的几个人之一。纳尔逊对他说道："请记着向你父亲问好。"他的父亲是一个保皇党人，他们一家先逃到了加拿大的新斯科舍省，然后在英国赫里福德定居下来。

特拉法尔加海战中的英国战士

参加战斗的人，年龄不分老幼，背景各不相同

有27年航海经历的水手长

"火星"号水手长约翰·邦特

约翰·邦特（John Bunt）1770年出生在康沃尔郡的兰特格洛斯，并在1789年以志愿者的身份登上了小型风帆战船"柴尔德"号，当时对他的评价是合格的水手，所以他那时可能已经在海上待了好几年。1794年，豪（Howe）勋爵在"光荣的六月一日"海战中战胜了法国人，约翰是"游骑兵"号水手长的助手。后来，"游骑兵"号在布雷斯特外海被法国人掳获，约翰被囚禁了三年。此后双方签订停战协议，交换俘虏，他回到英国，又被招募到爱德华·佩莱夫爵士的"不懈"号上服役。1798年，海军委员会授予约翰水手长职务。然后他曾在数艘舰船上服役，直到1803年3月19日来到"火星"号。作为"火星"号的常驻军官之一，他参加了特拉法尔加海战，在"火星"号长官塞缪尔·胡德爵士的指挥下参与在罗什福尔的行动，1807年在冈比亚勋爵的指挥下参与在哥本哈根的行动。

1810年，约翰成为"胜利"号水手长，他在船上与伊丽莎·哈德森（Eliza Hudson）一起生活到1816年，二人在这一年结婚，然后全家一起随船前往斯里兰卡的亭可马里港。他们的第一个孩子出生于1813年；1816年12月29日，他们在好望角又生了一个儿子，"明登"号名册上登记的名字是约翰·霍普·邦特（John Hope Bunt）。老约翰后来又担任"锡兰"号水手长，但仅持续了一年。1817年，在海军服役27年后，他去世了。伊丽莎带着两个年幼的孩子离船回到家乡。

战争中的姐夫和小舅子

"胜利"号上的威廉·威尔梅特和詹姆斯·波德

1805年3月28日，威廉·威尔梅特（William Willmet，他的名字还有其他写法）从舰长以色列·佩莱（Israel Pellew，爱德华的兄弟）那艘装备74门大炮的"征服者"号上转到了"胜利"号。我们对他的背景了解不多，只知道他是德文郡人，是大家公认的出色水手，所以有资格担任纳尔逊旗舰的水手长。在战斗中，他腿部受伤，不过在11月5日已重返岗位。

威廉在成为"征服者"号的水手长之前不久，与普利茅斯的贝茜·波德（Betsy Poad）结婚。1804年，他与年轻的小舅子詹姆斯·波德（James Poad）一起出海，詹姆斯当时是三等兵。威廉具有相当的影响力，所以他转往"胜利"号时，能够将詹姆斯一起带上船，并任命他为低阶军官。在纳尔逊去西印度群岛追赶法国和西班牙联合舰队的航程中，他们两人都在"胜利"号上。詹姆斯是船上最年轻的低阶军官（船上还有十几名比他更小的男孩和志愿者），1806年1月9日在圣保罗大教堂举行纳尔逊的葬礼时，他被选为高举军旗的旗手。

此后，詹姆斯在各式舰船上担任船长助理和代理中尉，直到1812年成为正式的中尉。他是少数在1793—1815年的战争结束后，仍能在海军找到工作的幸运军官之一。1830年，在为政府运送物资时，他的船在西西里岛外海被击沉。那艘船上载有第90团的320名男子和40名妇女儿童，他们最后全部都安全登陆了。1837年，他任哈斯米尔黑山信号灯站的指挥官；在1841—1848年，任吉尔福德城外的皮利山信号灯站的指挥官。1854年克里米亚战争爆发时，他被任命为征兵官。1855年，他晋升为海军中校，三年后，在伦敦哈克尼去世。

60岁的老人和他的儿子

"莽撞"号上的托马斯·普莱斯和弗朗西斯·普莱斯

托马斯·普莱斯（Thomas Price）大约在1745年出生于利物浦。他小时候就出海了，一生都在为皇家海军服务。1780年，他取得了大副的证书，工作是负责航向和驾驶舰船。之后他一直担任大副，不过服役的舰船越来越大。1803年，他被任命为"莽撞"号哈维舰长的大副。特拉法尔加海战中，当英国舰队逼近法国和西班牙联合舰队时，纳尔逊曾向哈维（以及正在驾驶该船的托马斯）大声喊道："我要感谢你保持住了你的位置！"当时托马斯已经60岁了，属于参战人员中年龄最大的那一批。后来，他日渐衰老，"视力不佳，又上了年纪"。尽管如此，他去世时仍是游艇"奥古斯塔公主"号的大副。他去世时70岁，人们为他举行了海葬。

他的儿子弗朗西斯·斯瓦因·普莱斯（Francis Swaine Price）也在"莽撞"号上，在父亲的手下担任二副。1794年，弗朗西斯才八九岁，就随父亲出海了。他曾三次受伤：第一次是1799年，在艾克斯路兹攻击西班牙舰船；后来在科伦纳攻击一艘西班牙炮舰时，他再次受伤；第三次就是特拉法尔加海战，他受了重伤，他的父亲专门请假来照顾他。弗朗西斯在1806年通过了海军上尉的考试，但此后仅在海上服役一年就退役了，回到康沃尔郡的家中抚养12个孩子。他后来成了潘特文港的管理员，在当地的陶瓷出口事业中发挥了很大作用。1839年，他晋升海军中校，1853年去世。

▶ 海军服役勋章
1849 年颁发的海军服役勋章，授予对象是在 1793—1840 年间参加过特拉法尔加海战和其他战争而且仍然活着的人。

不要错误地认为纳尔逊舰队中的人员都是被迫参战的。在整个舰队中，只有大约十分之一的人（或者说1837人）是被迫参战的。这个数字可能有点低，因为很多人其实是迫于生计参战，但是如果他们说自己是自愿的，就有资格获得赏金。 总而言之，加入皇家海军的大多数人都是自愿的。他们的目的很明确，可以赚到薪水，每天三顿饱饭，还有获得奖金的机会。

> 加入皇家海军的大多数人都是自愿的。他们的目的很明确，可以赚到薪水，每天三顿饱饭，还有获得奖金的机会。

海战中最年轻的战士是"海王星"号上的八岁男孩威廉·威尔科特（William Wilcott），他是一名三等兵，另外还有三名九岁的男孩。约瑟夫·奥兹德利（Joseph Ozdley）也在"海王星"号上，他极有可能是这三名九岁男孩之一。约瑟夫出生在大海上，一生中的大部分时间都是在海上度过的。参战人员中年龄最大的是67岁的财务官威廉·伯克（William Burke），他葬于肯特郡伍德姆诸圣堂，纪念碑上写着"不朽的纳尔逊死在他的怀抱之中"。

这份《特拉法尔加海战名录》意义重大，为学生、历史学家和家谱学家们提供了比以往更详细的参战人员信息。它是一项重要的文献，为我们提供了许多有关纳尔逊的海军和参战人员个人信息的研究资料。

彼得·霍尔（Peter Hore）上校是海军战略家、历史学家、传记作者和记者。他是《特拉法尔加纪事》（*Trafalgar Chronicle*）一书的编辑，也是《国际舰队战舰评论》（*Warships International Fleet Review*）的首席记者。

特拉法尔加海战的后果

安德鲁·兰伯特（Andrew Lambert）指出，英国的胜利不仅是一项了不起的海上战绩，也是一个影响深远的重大历史事件，不过人们要在战火消散很久之后才感受到它的影响。

尽管在奥斯特里茨战役中取得了胜利，但拿破仑帝国扩张的计划还是破灭了。因为在几周前的特拉法尔加海战中，法军大败，而战后英国的海军力量占据了绝对优势。

特拉法尔加海战是一场真正的具有决定性意义的战役。法国和西班牙联合舰队被碾碎了：他们失去了大部分舰船，两国同盟被摧毁，士气也被打垮了。法国和西班牙永远不会忘记特拉法尔加，拿破仑的海军也无法再恢复元气了。

特拉法尔加海战是纳尔逊一生中最后的高光时刻。他提供的情报让海军上将考德在费尼斯特雷海角和法国舰队打了一仗，这让维伦纽夫去了西印度群岛，从而粉碎了法国进入英吉利海峡的企图，破坏了拿破仑的战略布局和入侵计划。这是天才之举。其他指挥官也可以在10月21日的海战中获胜，虽然可能没那么漂亮，但只有纳尔逊有如此深邃的洞察力，看穿了敌人的意图，彻底粉碎了他们的计划。

此前，拿破仑一直用入侵英国的噱头迫使英国人保持守势，并退出欧洲事务。但特拉法尔加海战摧毁了他的海军力量，使他入侵英国的计划成了一纸空文。海战之后，对于欧洲的事务，英国将采取新的战略举措。这场胜利保住了英国对海洋的控制权；海上贸易和掠夺促进了英国的繁荣，也使得英国有实力承受一场全面的经济持久战。但是，特拉法尔加的果实要十年以后才能摘取。拿破仑仍然统治着欧洲，并于1806年建立了大陆体系，这是经济封锁，将英国排除在欧洲的贸易之外。英国做出回应，也对欧洲进行封锁，这使整个欧洲大陆都被法国占领，还引发了混乱。

对英国来说，为了维持对海洋的绝对控制权，任何来自海上的威胁都要迅速击碎。1807年，英国以外科手术的精准，消除了其海洋霸权的两个潜在威胁——整个丹麦海军在1807年9月被俘，并被押解至英国；两个月后，葡萄牙的舰队、金库和王室在入侵的法国军队的鼻子底下，从里斯本撤到了巴西。此外，拿破仑的海军也元气大伤，他无法挣脱欧洲的束缚，也无法维持自己的帝国。

英国的援助使受到压迫的西班牙、葡萄牙、意大利和德国等国家恢复了活力。1805年12月2日，拿破仑在奥斯特里茨战役中大胜奥地利和俄国，不过特拉法尔加海战的胜利使英国能够在法军形势大好的情况下存活下来，而且可以利用自己对海洋的控制将拿破仑禁锢在欧洲大陆，同时英国的强大也为拿破仑暴政帝国的人民带来了希望。最终，大陆系统崩溃了，各种矛盾随之爆发。西班牙在1808年起义，俄国也在1811年宣布退出，这也是拿破仑在1812年入侵俄国的重要原因。

摧毁法国舰队之后，皇家海军将注意力转移到了其他地方。1805—1814年，法国海军的残余力量一直被封锁在布雷斯特、土伦和安特卫普港内，这让英国特舰队能够清除法国和荷兰海外帝国最后的痕迹，大大刺激了英国的海外贸易，也结束了法国海军对航运的威胁。英国巡洋舰由守势转为攻势，他们俘获法国船队，并占领法国的外海岛屿，还对其沿海城镇发动袭击。在这种形势下，自1808年5月2日在马德里开始的西班牙反抗法国的起义，也一直没有停歇。

拿破仑在1815年说过："如果不是你们英国人，我早就是东方的皇帝了。但是，只要有水可以浮船，我们就一定会以自己的方式找到你。"1813年，拿破仑在莱比锡遭遇俄国、普鲁士和奥地利组成的联军，苦战后败退；在英国、西班牙和葡萄牙的支持下，欧洲军队又在伊比利亚半岛击败了他。拿破仑遭受这些失败，完全是因为英国从未放弃，从未让拿破仑有机会巩固他的势力。

纳尔逊终结了拿破仑的荣耀，并拯救了自己的国家。 10月21日的特拉法尔加海战成了一个传奇故事，在英国人的生活和文化中占据重要地位。此战中，英国失去了她的英雄，而且这位英雄是光荣战死的，他的死也成了特拉法尔加神话最后的花絮。之后，海上强国之间不会再有大规模的战争了；在1914年之前，皇家海军也没有再陷入重大海战。哪个国家敢来挑战世界上最强大的海军舰队呢？

尽管在奥斯特里茨战役中取得了胜利，但拿破仑帝国扩张的计划还是破灭了。因为在几周前的特拉法尔加海战中，法军大败，而战后英国的海军力量占据绝对优势。

安德鲁·兰伯特（Andrew Lambert）是伦敦国王学院海军历史方面的教授，著有《纳尔逊：不列颠尼亚的战神》（*Nelson: Britannia's God of War*, Faber & Faber, 2005）和《海上强国》（*Seapower States*, Yale, 2018）。

纳尔逊创造传奇的十个经典时刻

英国国家海事博物馆"纳尔逊、海军和国家"展览的策展人昆丁·科尔维尔（Quintin Colville）和詹姆斯·戴维（James Davey），为我们讲述霍拉蒂·纳尔逊铸就辉煌的重要时刻。

1777年4月9日
雄心勃勃的少年，展示了他的潜力

通过中尉考试是每个有志成为皇家海军军官的人都必须跨越的一道门槛。

纳尔逊18岁时，就来到资格审查委员会测试他对海军各方面知识的掌握情况。他成功地通过了测试，在不久之后写给哥哥的信中，他说自己被任命为护卫舰"鲁伊斯特奥夫"号的中尉。他还在信中说："我现在进入了这个现实的世界，为自己的目标而努力。我相信我能做好，我将为自己和朋友们带来荣誉。"

这些朋友中最重要的也许是纳尔逊的舅舅莫里斯·萨克林。萨克林是一名舰长，在1775年晋升到了海军财务总监这个重要职位。他精心教导年

▲ 勒梅尔·弗朗西斯·阿伯特在 1798 年绘制的霍拉蒂·纳尔逊的油画。七年后，当纳尔逊被法国人的子弹射倒时，他已经成为全球性的名人。

▲ 约翰·弗朗西斯·里戈在 1777 年绘制的纳尔逊肖像，当时他是一名中尉。得益于他的天赋以及舅舅莫里斯·萨克林的提携，纳尔逊在军中晋升迅速。

轻的纳尔逊，并帮他寻找能够促进他成长以及增加他作战经验的指挥官。
事实上，纳尔逊自1771年加入皇家海军，他服役过的两艘船"得理"号和
"得胜"号，萨克林都曾担任过舰长。

六年后，纳尔逊晋升副舰长，这位导师
还成了考核委员会的成员。推介人制度是18世
纪英国行政系统的重要部分，而纳尔逊也是军
官群体中受益于这种裙带关系的典型代表。考
查的内容主要是看候选人对专业知识的掌握程
度，若是被推介者能力不足，就会损害推介人
的声誉。

> 纳尔逊是军官
> 群体中受益于
> 这种裙带关系
> 的典型代表。

1787年3月11日
带来财富和地位的婚姻

美国独立战争之后十年内，在海军服役
的纳尔逊事业上并没有什么进展。 1787年，
他与弗朗西丝·范妮·尼斯贝特结婚，她是
一位年轻的寡妇，出身尼夫斯（背风群岛之
一）一个富裕的种植园家庭。尽管受教育程
度不高，但同时代的人形容她"美丽且具有
艺术气质"。威廉·亨利王子（即未来的威
廉四世）是纳尔逊的同僚，婚礼上，是他将

▼ 1798 年丹尼尔·奥
姆制作的微型纳尔逊夫
人画像。弗朗西丝和霍
拉蒂的幸福婚姻维持了
很多年。

LADY NELSON
by
D.Orme

新娘交到纳尔逊手中的。但私下里，王子在写给塞缪尔·胡德的信中态度却有所保留，他说："可怜的纳尔逊正在热恋之中……我希望他过得幸福快乐，那样他可能就不会后悔自己迈出的这一步了。"

不过出乎很多人的意料，多年来他们的婚姻一直是幸福的。纳尔逊经常要长时间出海，夫妻俩通信频繁，他们的信件虽然写得略为正式，但字里行间都流露出脉脉情意。这场婚姻给纳尔逊带来了诸多好处，他还年轻，没什么财产，也没有名气，婚姻让他获得了一定的财富和地位。后来弗朗西丝继承了叔叔的大量财产，这对纳尔逊的前程大有益处。

这对新婚夫妇在英国待了五年，每过一段时间，纳尔逊就会向海军部请求担任舰长，但都未能如愿。当时海军大量裁员，即使是颇有前途的军官，也会因为现役舰船太少而很难上任。他住在距伦敦一百多英里的诺福克，似乎被海军遗忘了。纳尔逊过着乡村绅士的生活，等待崛起的机会。

1793年2月1日
纳尔逊与法国人交战

英法战争的爆发，是改变纳尔逊人生的重要事件。原先，他的职业生涯似乎停滞不前。但突然之间，英法两国不断恶化的关系改变了这一切。

自1789年法国大革命爆发以来，法国的政治体制变得越来越极端，法国的革命

> 纳尔逊的职业生涯似乎停滞不前。但突然之间，英法两国不断恶化的关系改变了这一切。

▲ 詹姆斯·吉雷在1798年创作的漫画，标题为"为粪堆而战"，
或者说"英国水手摆平了波拿巴"。漫画中，一个粗壮的英
国水手把拿破仑·波拿巴的鼻子打出了血。

军队开往欧洲各个地方，英国一直紧张地关注着局势。法国在1792年末对低地国家的入侵和1793年1月处决国王路易十六，更加剧了英国人的恐惧。

两国局势越来越紧张，战争一触即发，英国政府开始动员海军进行战备。1793年1月6日，纳尔逊被任命为"阿伽门农"号的指挥官，这艘船有64门大炮。

1793年2月1日，法国对英国宣战，这是霍拉蒂·纳尔逊成为名将的大事件。他很快被派往地中海，在那里，他从舰队中最有能力的指挥官之一胡德勋爵那里学到了不少东西。在随后的几年中，他转战地中海海域，赢得很多荣誉，前途大好。在执行封锁法国和意大利海岸并为奥地利军队提供支援的任务时，他首次被任命为独立编队的指挥官。

纳尔逊还引起了地中海舰队总司令、海军上将约翰·杰维斯的注意。1796年4月，杰维斯提拔他为准将。在接下来几年里，战争形势依然很严峻，纳尔逊从数百位雄心勃勃的军官中脱颖而出，后来成为英国历史上最伟大的海军上将。

1797年2月14日

高风险的迂回带来了令人叫绝的成功

纳尔逊在圣文森特角战役中崭露头角，登上了历史舞台。

1797年2月14日，约翰·杰维斯爵士在葡萄牙南部海岸拦截了一支西班牙舰队。战场上，纳尔逊发现他无法按照杰维斯的要求完成战术机动，而此时敌方舰队即将逃脱。他当机立断，指挥自己的战舰"船长"号脱离

编队，径直攻击西班牙舰队的领头舰船，他的朋友和竞争对手托马斯·特鲁布里奇指挥的"库洛登"号紧随其后，一场激烈的战斗爆发了。纳尔逊舰船的右舷靠上了西班牙舰队的"圣尼古拉斯"号，他抓住时机，大胆登上敌船，最后迫使敌船投降。然后，他又成功地登上了第二艘西班牙舰船"圣约瑟夫"号，最终俘获了这艘船。

纳尔逊擅自出阵攻击敌船，这其实是非常冒险的。如果行动失败了，他可能会因不服从命令而上军事法庭。但是没有人否认他在打赢这场战斗中发挥的重要作用，至少杰维斯没有，英军一共俘获四艘敌船，有两艘要归功于纳尔逊。

精明的纳尔逊采取了一些手段，让全英国人都知道了他的事迹。在一次演讲中，他深情地回顾了那场

◀ 纳尔逊在圣文森特角战役中接受了"圣尼古拉斯"号的投降。那次战斗让他在英国名声大振。

战斗，生动地讲述了他在战场上的种种作为。之后，他的成功被媒体广泛报道。鉴于他表现出的骑士精神，他被授予"巴斯骑士"的荣誉称号。

1797年7月25日
一颗西班牙火枪弹造就了一个独臂英雄

纳尔逊的一只制服袖子是空的，这非常好认，就像一只手经常插入背心的拿破仑一样。但是，这个明显的伤害是如何造成的，却鲜为人知。在圣文森特角战役中崭露头角后，纳尔逊被任命为分舰队的指挥官，并受命进攻特内里费岛

▼ 纳尔逊在失去右臂后，用左手和刀叉写的第一封信。海事博物馆藏品。

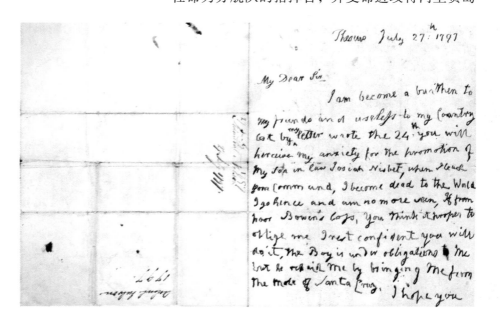

的圣克鲁斯港，以捕获西班牙商船及它们运载的金条。第一次进攻集中在港口东部要塞，结果彻底失败了。第二次进攻由纳尔逊亲自带队，登陆的水兵和海军陆战队员直接向港口发起进攻，但情况比上次更糟，伤亡惨重，连海军上将都阵亡了。纳尔逊的右臂被一颗火枪弹丸击中，他的继子若西亚·尼斯贝特用颈巾绑住伤处，止住了血，这才挽救了他的性命。

回到了他的旗舰"苏修斯"号以后，外科医生托马斯·埃舍比在7月25日给纳尔逊的右臂做了截肢手术。他很快伤愈，并回到岗位上。不过国家海事博物馆收藏了他用左手写的第一封信，信中他流露出内心深处的绝望和自我怀疑。在给他的上司海军上将杰维斯的信中，他写道："我成了朋友们的负担，对我的国家毫无用处……对这个世界来说，我已经死了，我可以就此离开，不再出现。"

1798年5月21日
在海难中获得的宝贵经验

纳尔逊能成为一名出色的海军军官，很大程度上要归功于当时皇家海军完善的体系，当然他自己高超的领导才能和不懈的努力也不容忽视。他在成长之路上也犯过很多错误，但他每次都能从错误中汲取教训，这是至关重要的。

最典型的是1798年发生在地中海的那次事件。在暴风雨中，纳尔逊的旗舰"先锋"号的主樯折断了。这主要应归咎于他旗舰的舰长爱德华·贝里，但这次事件也凸显了他麾下军官在航海技术上存在问题。"亚历山大"号的舰长亚历山大·鲍尔在暴风雨中尽量减少操作，因此能够保留索具，将"先锋"号拖到安全地带。

这次事故距在圣文森特角取得重大胜利仅一年，此时纳尔逊刚被提升为海军少将。事故对纳尔逊的职业声誉造成了损害，他给自己的上司圣文森特勋爵（之前的约翰·杰维斯爵士）写了一封很长的信，进行深刻反思，将其归咎于自己的"极端自大"，并表示对这一事件承担全部责任。这是他人生中重要的一课——身处高位能够获得更好的名声和荣誉，但作为一名军官，他不能忽略士兵最基本的职责。

纳尔逊写道："我希望，这次教训将使我成为一名更好的军官，因为我相信这会让我成为一个更好的人。"仅过了两个月，这一点便以戏剧化的方式应验了。

1798年8月1日
尼罗河让英国的英雄成了全球偶像

如果说圣文森特之战让纳尔逊在英国家喻户晓，那么在尼罗河战役中的胜利，则让他在国际上扬名。经过漫长而无望的搜索，纳尔逊终于发现了一支从土伦逃往埃及阿布基尔湾的法国舰队。这支舰队有13艘船，刚完成把拿破仑的军队护送到埃及的任务，眼下正停泊在横跨海湾的位置上。

纳尔逊权衡之后，下令发动进攻。随着英国舰船逼近法国舰队，英军"歌利亚"号舰长托马斯·弗利注意到，法国舰队靠陆地一侧有空位，

▲ 在詹姆斯·吉瑞的动画片《消灭埃及瘟疫》中，纳尔逊挥舞着大棒站在尼罗河鳄鱼身上。鳄鱼代表了尼罗河战役中被俘虏或摧毁的法国舰船，纳尔逊的形象则是摩西和大力神之间的十字架。

他指挥自己的军舰和后面四艘船插了进去。其他英国舰船则从靠海的一侧冲向法国人，他们从两个方向同时对敌人发起进攻，法国舰船要承受双倍的压力。战斗进行到深夜，很多法国舰船都投降了。到第二天上午11点，只有两艘法国舰船设法逃脱，其余不是投降就是被摧毁了。

尼罗河之战是纳尔逊最具决定性的胜利。法国的海军力量实际上已经被从地中海清除，而拿破仑的军队仍滞留埃及。胜利的消息传遍了整个欧洲。海顿谱写了《纳尔逊弥撒》这一壮丽乐章，而且这个胜利促使欧洲结成了第二次反法同盟。整个英国都在欢庆胜利，从丝带和烟斗到家居摆设，人们用各种各样的纪念品来颂扬霍拉蒂·纳尔逊的战绩。

尼罗河战役胜利的消息传遍了整个欧洲。海顿谱写了《纳尔逊弥撒》这一壮丽乐章，而且这个胜利促使欧洲结成了第二次反法同盟。

▼ 尼罗河战役胜利后，授予纳尔逊的银杯。

1798年9月22日

纳尔逊和他的红颜知已

纳尔逊曾经见过汉密尔顿夫人。1793年夏天受命去那不勒斯时，英国大使威廉·汉密尔顿和他迷人的妻子在家里款待了这位当时还鲜为人知的"阿伽门农"号舰长。艾玛·汉密尔顿当时已经是欧洲著名的艺术模特儿和歌手，并因风度绝佳而享誉欧洲，她的表演优美灵动，她的新古典主义舞台造型极受欢迎。

毫无疑问，35岁的海军军官纳尔逊有汉密尔顿夫人的陪伴，自然满心欢喜。1798年，他们第二次相遇时，世界已经发生了很大变化。作为尼罗河战役的胜利者，纳尔逊在英国国内和国际舞台上都颇具影响力。艾玛意识到，纳尔逊在尼罗河之战中取胜，让当年自己在那不勒斯接待他这件事有了运作的余地。这

▼ 纳尔逊和汉密尔顿夫人交换过一对纯金的订婚戒指，这是其中一枚。

▼ 乔治·罗姆尼在 18 世纪后期绘制的艾玛·哈特画像，即后来的
汉密尔顿夫人。对于那些希望把英国伟大的海军英雄描述为基督
教道德典范的人士来说，她与纳尔逊的恋情是一个污点。

是一次空前的机会，她可以借他的名人光环来提升自己的知名度。她给他写了一封充满赞美之词的信，信中写道："我的衣服从上到下全与纳尔逊有关……甚至我的披肩都是蓝色的，上面绣满了金锚。我的耳环是纳尔逊的船锚。简而言之，我全身都纳尔逊化了。"

9月22日，纳尔逊的旗舰"先锋"号在那不勒斯抛锚时，艾玛·汉密尔顿非常巧妙地出现在甲板上。用纳尔逊的话来说，她"倒在我的怀里一动不动"。于是，他们坠入了爱河，一直到纳尔逊去世。此后，纳尔逊对妻子尼斯贝特越来越冷漠，他的情史也成了漫画家的金矿。但是，后来维多利亚时代的评论家们一厢情愿地认为，他们的勇士榜样身上，只能具备履行职责和服务皇家海军的品质，这样的风流韵事对他们来说是一种挑战。

1805年10月21日
特拉法尔加的悲剧与胜利

在他丧命的那一天，纳尔逊迎来了海军生涯中最辉煌的时刻。10月19日，他收到消息，藏身加的斯港的法国和西班牙联合舰队出海了。21日破晓后不久，纳尔逊看到海平面上布满了敌人舰船的桅杆。这是纳尔逊梦寐以求的战机，他毫不犹豫地抓住了这次机会。

纳尔逊内心非常清楚，拿破仑时代的战争已经变了，用他的话来说，那就是"国家想要的是全歼敌人，而不仅仅是一场辉煌的胜利"。他严格遵照这一目标制定了策略（部分是新颖的，部分循旧例），并在战斗前几个星期就传达给了他的舰长们。纳尔逊将他的舰队分成两个编队，直接冲向敌人，撞破他们的阵列，然后在敌人还没有弄清楚状况的时候，发起一场近距离决战。

然而，在两支舰队开火之前，双方几乎都以步行的速度接近敌人，紧张的神经绷了好几个小时。纳尔逊花了一些时间在自己的私人日记中写了一个祈祷，并在遗嘱中附加了一个条款，请国家在他死后供养艾玛。

战斗打响以后，一切正如他所料。纳尔逊在下午1时15分被一颗滑膛枪弹击中，他甚至在战前预料到了自己死亡的方式（他死时英国已经获胜）。当天他穿的那件不上扣的海军制服外套，现在已经是英国国家海事博物馆的珍贵藏品。

纳尔逊在下午 1 时 15 分被一颗滑膛枪弹击中，他甚至在战前预料到了自己死亡的方式（他死时英国已经获胜）。

◀ 纳尔逊在特拉法尔加战役中穿的不上扣的海军中将制服外套，左肩上靠近肩章的地方有一个弹孔。

1806年1月9日

整个国家都在纪念倒下的英雄

这一天奠定了纳尔逊英国著名历史人物的地位。特拉法尔加战役获胜的消息在1805年11月初传到了英国，胜利的欢欣与对纳尔逊陨落的哀悼混杂在一起。国王下令为纳尔逊举行国葬，格林尼治皇家医院的彩绘大厅在1806年1月5日向公众开放，让人们来瞻仰纳尔逊的灵柩。

1月8日，盛大的葬礼仪式开始了。纳尔逊的遗体周围摆满了随葬品，他躺在一艘国家驳船上，船被逆流拖到白厅的阶梯旁，成千上万人挤在泰晤士河的两岸，迎接这位英雄。那真是一场奇观，而且第二天发生的事情也毫不逊色。

第二天清晨，纳尔逊踏上了他最后的旅程，这次是躺在一辆形似军舰的灵车上。灵车穿过伦敦的街道，目的地是圣保罗大教堂。出席葬礼的有大批政客和政府要人。当棺材下放到墓坑时，葬礼进入高潮。仪式中，安排了"胜利"号的一些海员将一面舰旗盖在纳尔逊的棺材上，但他们选择从旗上撕下一个个碎片留作纪念品。

此时，与拿破仑的战争仍在进行，可以肯定的是，华丽的葬礼是精心策划的，目的是增强国家对这场战争的决心。尽管如此，纳尔逊的胜利和死亡也激起了广泛的社会共鸣。参加葬礼的贝斯伯勒夫人回忆说："当载着灵柩的车子出现的那一刻，你能听到别针掉落到地上的声音。没有人指挥，但所有人都脱下了帽子。"

Funeral of Lord Nelson,

Sᴛ. PAUL's, Jan. 9, 1806.

ADMIT THE BEARER, AT THE SOUTH DOOR, TO THE
GALLERIES UNDER THE DOME;

Dean.

This Ticket not to be delivered to any Doorkeeper.

▲ 这是一张去圣保罗教堂参加纳尔逊勋爵葬礼的门票。贝斯伯勒夫人后来说，棺材出现的那一刻，"你能听到别针掉落到地上的声音"。

昆丁·科尔维尔（Quintin Colville）是格林尼治皇家博物馆的策展人，也是朴次茅斯大学的客座教授。詹姆斯·戴维（James Davey）是埃克塞特大学海军和海洋历史讲师，著有《纳尔逊的苏醒：海军与拿破仑战争》（*In Nelson's Wake: The Navy and the Napoleonic Wars*, Yale, 2015）一书。他们在格林尼治的国家海事博物馆策划了"纳尔逊、海军和国家"这次展览。

第二篇

争夺欧洲的战斗

奥斯特里茨战役

　　法国皇帝对奥俄军队进行了粉碎性打击，这是拿破仑时代最出色的胜利之一。

拿破仑·波拿巴的"西班牙创口"

　　这场旷日持久的战争占用了拿破仑大量的资源，成了他的一个无法愈合的创口。

半岛战争中的随军女性

　　讲述艰难的半岛战争，和军人妻子们危险的生活。

皇帝的地位动摇

　　拿破仑在1812年入侵俄国，这简直是一场灾难。为什么局面会变得如此糟糕呢？

英国人的恐惧

　　在滑铁卢战役的最后阶段，英国人的心情在欢乐与恐惧之间不断转换。

拿破仑是伟人吗？

　　历史学家安德鲁·罗伯茨（Andrew Roberts）讲述为什么他认为波拿巴既是开明的统治者，又是军事天才。

奥斯特里茨：为荣耀而战

历史证明，奥斯特里茨之战是拿破仑战争中最具决定性意义的战役之一。伊恩·卡斯尔（Ian Castle）研究了拿破仑是如何大败奥地利和俄国联军的。他认为，在第一枪打响之前，联军惨败的命运就注定了。

奥斯特里茨之战被公认是拿破仑时代最精彩的胜利之一。但是200多年来，人们经常以为这是一场完全由拿破仑掌握主动权的战役，交战双方仿佛木偶，而拿破仑就是操控他们的木偶戏大师。不过随着研究的深入，我们发现，不需要任何外力，奥俄联军自己就会覆灭。

1805年11月20日，拿破仑皇帝骑着马，带着他

▼ 约瑟夫·斯韦巴赫在19世纪创作的绘画，画中拿破仑正在察看奥斯特里茨之战。

帝国卫队的一千名骑兵进入摩拉维亚的布伦城（今捷克的布尔诺市）。一位看到他们入城的人这样描述拿破仑："矮小且肥胖……他脸色苍白，外表聪慧，略带怅惘。"拿破仑经常站在总部的窗前，"他在穿过房间后一直站在那儿，看着下面的广场"。

确实，当拿破仑站在窗前凝视广场的时候，他有很多事情要思考。三个月来，大军屡屡得胜，他在乌尔姆接受了一支奥地利军队投降，清除了巴伐利亚地区的敌军，迫使奥地利人放弃了蒂罗尔州和意大利北部，还占领了维也纳和哈布斯堡王朝的大片领土。

但是，在多瑙河谷地带，精明的库图佐夫将军正率领俄国军队与法军作战，对拿破仑来说，战事进展并不顺利。而且随着冬天的临近，拿破仑发现自己战线拉得太长了，后勤供应很困难。战争开始时，他大约有19.8万名士兵，征战中，很多编队就地驻扎，到布伦城时，还有大约5.2万名。另一边，库图佐夫撤至布吕恩东北约45英里处的奥尔穆茨，与布克许沃登将军率领的另一支俄国军队以及约翰·列支敦士登王子率领的一支小型奥地利军队汇合，奥俄联军约有7.8万人。

势态紧急

拿破仑迫切希望尽快与这支奥俄联军开战。他最担心的是，当让东欧哭喊的冬天到来时，联军会撤回东方，这样他只能再次延长那已经岌岌可危的后勤供应线。

撤回东方，拖长拿破仑的战线，这是奥俄联

> 拿破仑迫切希望与这支奥俄联军开战。

军司令库图佐夫原本的打算。但是，后来他失去了决策权，因为沙皇亚历山大带着增援部队开进了奥尔穆茨。沙皇决心亲临前线，亲自领兵作战，他自然成为新的司令。11月24日，军事委员会在奥尔穆茨举行会议，库图佐夫在会上陈述了他准备向喀尔巴阡山脉撤退的计划，并打算留下一片荒地阻止拿破仑追赶。他希望以这样的方式争取时间，让远方的本尼格森将军能够率军赶到，进一步增强己方实力。其他军官提出，可以撤到匈牙利或波希米亚，以便和正在赶来的盟军会合。尽管目的地不同，但所有人都支持撤退。

但是，沙皇的到来让那些将军的权威大打折扣。亚历山大一世没有任何军事经验，而且身边围着一群阿谀奉承的顾问和所谓的军事专家。沙皇听信了他们的分析，认为法国人的战线拉得太长，很容易被击败。他们对沙皇说，这是沙皇与那个当时公认最伟大的士兵交手并战胜他的最佳时机。亚历山大喜出望外，于是推翻了库图佐夫的原定计划，决定就地开战。在俄国，沙皇有绝对的权威，没有人愿意出头反对他的意见，而这对拿破仑来说，正中下怀。

> 沙皇亚历山大推翻了库图佐夫的原定计划，决定战斗……没有人愿意出头反对他的意见。

制订作战计划的任务落在弗朗兹·韦拉瑟将军身上，他是少数在俄国总部受到尊重的奥地利军官之一。联军决定在第二天开始向前推进。实际上，如果奥俄联军迅速行动，在拿破仑的军队还没有做好准备的时候就开战，那结果可能会有所不同。但是，战斗在八天之后才打响。

奥斯特里茨战役中拿破仑的主要对手

俄国沙皇亚历山大一世

　　1801年，亚历山大一世继承了他喜怒无常的父亲保罗一世的皇位，他在政治和社会改革方面态度比较开明。然而，他自负又好大喜功，周围的人也年轻且自大。他深信自己看准了拿破仑阵地的弱点，于是否定了库图佐夫的建议，命令军队在奥斯特里茨开战。

米哈伊尔·库图佐夫将军

　　奥俄联军司令库图佐夫在军事和外交上都有杰出的天赋。但是，他在1802年被亚历山大一世厌弃，之后一直流亡国外，直到1805年才被召回，重新领兵。这时他已经开始发胖，而且饱受风湿病的折磨，右眼两次受伤。然而，他仍然狡黠，有高超的外交手腕而且坚韧不拔。他是奥俄联军最好的指挥官。

弗朗兹·弗赖尔黑尔·冯·韦拉瑟少将

奥俄联军参谋长韦拉瑟已在奥地利军中服役30年，两周前刚被任命为库图佐夫的参谋长。一名军官认为他是一个"不讲智谋的将领"，而且"太容易放弃自己的观点而采纳别人的意见"；另一名军官认为"他的自尊心强烈到自欺欺人的地步"。

许多俄国高级军官确信，沙皇的到来将"激发士兵们的热情"，但他们错了。士兵们都累了，纪律也开始松懈。当亚历山大骑马在军中穿行时，他们以"冷漠和完全的沉默"迎接他。看到这种现象后，当时在俄国军队中服役的法国移民官亚历山大·路易·朗格隆写道，俄国士兵"通常会对人和事做出正确的判断"。

奥俄联军预备在11月25日就向前推进，但事情很快有了变故。奥地利军官斯托特海姆将军写道："我们要准备两天的口粮，而那些口粮要次日才能到达。口粮到了之后，一些将军还没有充分地研究好他们的部署。因此，又失去了一天。"11月27日早晨，军队终于开始行动，但混乱和纠纷也随之而来。

当奥俄联军完成了长时间的准备工作之后，法军总部的情况已大为不同。11月21日，即拿破仑到达布伦城的第二天，他就骑着马去察看这座城市东面的地形。布伦和奥尔穆茨大路以南直到位于奥斯特里茨镇西边的区域引起了他的注意，他骑着马在那片土地上慢慢走了一圈，计算各个高地之间的距离，查看河流和附近村庄的状况。侦察结束后，他自信地对随行人员说："先生们，请仔细查看这一带的地形，你们将要利用这里的地形来战斗。"拿破仑选好了他的战场，但是战斗要很多天后才开始。

这时候还不确定奥俄联军是否会就地开战，于是拿破仑派情报专家萨凡里将军为使者，去见沙皇。萨凡里的任务是让联军以为法军阵营非常不安稳，从而让联军过度自信。不过这一切都是多余的。当萨凡里到达奥俄联军军营时，沙皇已经做出了进攻的决定。

奥俄联军在布伦和奥尔穆茨大路上摆开五个纵列，向前推进，前方还有一支前卫军探路。他们并不确定法军的具体位置，但韦拉瑟认为，如果在行军途中交战，他将有机会包抄法国人的左翼。联军的纪律性很差，许多货车闯入了编队，第一天结束的时候，军队被拉长到八英里。第二天，联军前锋在维绍镇附近遇上了法国哨兵。

随后发生了一场骑兵战，后面的联军迅速赶来，法国人开始后退。这正是拿破仑期待的——奥俄联军不会撤退了。他立即指示所有的前锋军队到达指定位置，并下令让贝尔纳多特元帅和达武元帅的外围编队急速前进，告诉他们将在11月29日或30日决战。对于这一点，他显然高估了对手的组织和协调能力。

奥俄联军前进时没有遇到太多的抵抗，这使韦拉瑟深信，法国人打算向南撤退，然后转向维也纳。因此，在11月29日，他改变了行军策略，命令他们去布伦和奥尔穆茨大路左侧埋伏，以切断拿破仑去维也纳的道路。这是一次比较大的改变，韦拉瑟不仅重新布置了各个纵队的位置，还重组了纵队，让纵队指挥官和各个团队在阵地中穿梭，

这花了整整两天时间。这两天里，联军仅前进了十英里。现在，拿破仑清楚地知道，他预测11月30日决战过于乐观了。这段时间，他一直在普拉钦高地观察奥俄联军的动向。在他看来，奥俄联军打算集结军队进攻他的右翼，迫使他撤回维也纳。

▲ 俄国皇家卫队的骑兵夺取了法国军团带到战场上的鹰标权杖。

奥斯特里茨之战

战场位于现在捷克奥斯特里茨以西的普拉钦高地。下面是罗杰·希钦斯（Roger Hutching）绘制的战场示意图，展示了 1805 年 12 月 2 日这场战役双方的兵力布防情况。

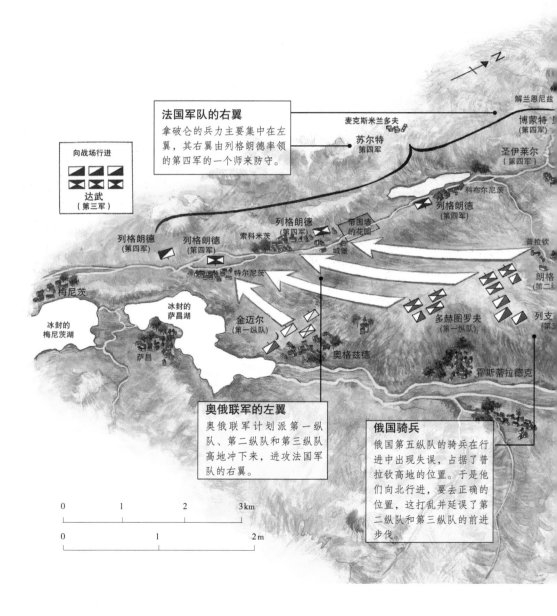

法国军队的右翼
拿破仑的兵力主要集中在左翼，其右翼由列格朗德率领的第四军的一个师来防守。

奥俄联军的左翼
奥俄联军计划派第一纵队、第二纵队和第三纵队高地冲下来，进攻法国军队的右翼。

俄国骑兵
俄国第五纵队的骑兵在行进中出现失误，占据了普拉钦高地的位置。于是他们向北行进，要去正确的位置，这打乱并延误了第二纵队和第三纵队的前进步伐。

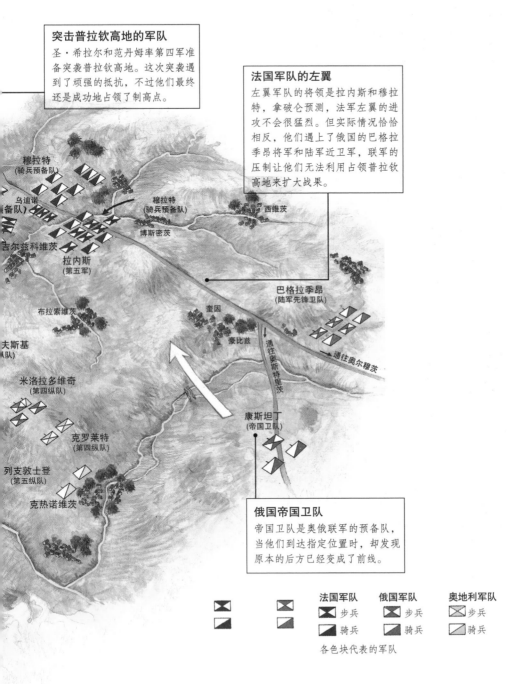

突击普拉钦高地的军队

圣·希拉尔和范丹姆率第四军准备突袭普拉钦高地。这次突袭遇到了顽强的抵抗，不过他们最终还是成功地占领了制高点。

法国军队的左翼

左翼军队的将领是拉内斯和穆拉特，拿破仑预测，法军左翼的进攻不会很猛烈。但实际情况恰恰相反，他们遇上了俄国的巴格拉季昂将军和陆军近卫军，联军的压制让他们无法利用占领普拉钦高地来扩大战果。

穆拉特
(骑兵预备队)

乌迪诺
备队)

穆拉特
(骑兵预备队)

博斯密茨

西维茨

吉尔兹科维茨

拉内斯
(第五军)

巴格拉季昂
(陆军先锋卫队)

布拉索维茨

奎因

豪比兹

通往奥斯特里茨

通往奥尔穆茨

夫斯基
队)

米洛拉多维奇
(第四纵队)

克罗莱特
(第四纵队)

康斯坦丁
(帝国卫队)

列支敦士登
(第五纵队)

克热诺维茨

俄国帝国卫队

帝国卫队是奥俄联军的预备队，当他们到达指定位置时，却发现原本的后方已经变成了前线。

法国军队	俄国军队	奥地利军队
步兵	步兵	步兵
骑兵	骑兵	骑兵

各色块代表的军队

▲ 奥俄联军撤退后，法军将俘获的军
官和鹰标呈给正在视察战场的拿破仑。

一场速战速决的战斗

战斗似乎迫在眉睫了。拿破仑认为必须速战速决，不能让奥俄联军撤退并重新集结，拉长战线。

为达到目的，拿破仑宣布从战场制高点普拉钦高地撤出所有军队，将高地让给奥俄联军。然后，当奥俄联军打算集结力量进攻他的右翼时，他故意示弱，诱使敌军再放弃高地，发起冲锋。那时候，他就可以命令防线左侧的主力部队向高地发起迅速反击。而拿破仑会出现在敌人的后方，切断奥俄联军的退路，彻底碾碎他们。

11月30日傍晚，拿破仑收到了让他欣慰的消息，贝尔纳多特和达武正迅速向战场赶来，这样法军的兵力就会增至7.4万人。奥俄联军开始推进之后，法军人数增加了40%。

当拿破仑在精心谋划即将到来的战斗时，奥俄联军总部一片混乱。名义上，库图佐夫是奥俄联军的指挥官，但他越来越多地受到亚历山大的掣肘。长期以来，亚历山大一直不信任他的军队指挥官，于是他转而向韦拉瑟问策。沙皇年轻的随从也在背后嘲笑年迈的库图佐夫将军，这种轻视也影响了奥地利高级军官的态度，进一步削弱了统一的指挥。

12月1日，韦拉瑟又一次下令改变联军阵列。这使得他们直到下午才开始前进，但是4点左右天就黑了，各纵队几乎没有时间到达指定位置。俄国炮兵上校阿列克谢·埃莫洛夫这样描述奥俄联军的混乱状况：

> 各个纵队相互碰撞、相互穿插，整个场面一片混乱……各个军团的建制被打散，士兵混杂在一起，他们在黑暗中很难到达预定位置。好几个团的步兵纵队一个骑兵都没有，所以没有人能去前面看看发生了什么，或者探知最近的友军在什么地方，在干什么。

从陡峭的东坡爬上普拉钦高地后，精疲力竭的奥俄联军安顿下来，抓住一切机会在寒冷的夜晚休息。反观与他们对阵的法国军队，至少有三分之二的人经过充分的休息，他们已经等了11天，等待奥俄联军的到来。

12月2日凌晨1时左右，奥俄联军的高级官员聚集在一起，做战前最后一次军情通报。韦拉瑟用德语向他们解释他的战斗计划，然后耐心地等待俄国参谋洛尔少校将他的话翻译成俄语，因为那是奥俄联军中80%的人使用的语言。参加会议的朗格隆回忆说，总部再次出现了明显的分歧，韦拉瑟"以高昂的声调和自负的心态向我们宣读了安排，旨在向我们展示他对自己才能的自信和对我们无能的确认"。

因为前一天下午韦拉瑟再次改变了联军兵力的布置，所以此时大多数参加会议的军官白天都没有时间察看战场地形。现在，他们接到命令，要在日出前一小时的早上7点钟开始推进，去未知的战场。会议在凌晨3点左右才结束，这个时候，洛尔才用俄语将韦拉瑟的命令写下来。他写完后，副官们才能抄录命令，发给他们的指挥官。结果，一些军官在战斗开始之后才接到命令。

俄国军官埃尔莫洛夫上校仍然感到困惑。那些命令有好几页，他解释说："上面满是难念的村庄、湖泊、河流、山谷的名字和海拔数据，要理解或记住它们太难了……我必须承认，在听完这项命令之后，我完全无法理解，这项命令毫无意义。我唯一知道的是，我们应该在早上攻击敌人。"

愤怒和沮丧

在冷雾笼罩的1805年12月2日清晨，奥俄联军的士兵从睡梦中醒来，活动着冰冷的四肢，准备从普拉钦高地冲下去。联军主力集中在法国军队的右翼，这是韦拉瑟的计划，而拿破仑预判了他的计划。

但是，混乱和拖延依然没有结束。联军中的一些人在黑暗中迷路或者掉队了，然后他们误入正在行进的军队，引起了骚乱。战役真正打响的时候，奥俄联军指挥非常僵化，也没能利用好自己早期的优势，在拿破仑向其后方高地发动进攻之前向法军施加足够的压力。法国军队在高地上遭到了出人意料的顽强抵抗，不过最终还是攻克了高地。经过8个小时的战斗，奥俄联军惨败，这场战斗迅速结束了。

毫无疑问，联军决定在奥斯特里茨与拿破仑开战是一个错误。如果没有亚历山大一世的干预，库图佐夫将继续撤退，到12月中旬，可能会在匈牙利聚集起17万兵力。

> 毫无疑问，盟国决定在奥斯特里茨与拿破仑开战是一个致命的错误。

但是，沙皇的决定、糟糕的指挥和缓慢的行军速度，让拿破仑有时间看清他们的策略，同时法国人也等来了援军。甚至可以说，在第一声枪响之前，奥俄联军的命运就注定了。后人对这次战役进行了诸多讨论，而且有神化拿破仑的趋势。但其实，拿破仑并没有办法将自己的意志强加于奥俄联军，他只是观察联军的行动，并予以有效反击。

法国军队在庆祝他们巨大的胜利，拿破仑也为在这一天取胜感到由衷的高兴。因为那是一个特殊的日子，是他加冕为法国皇帝一周年的纪念日。

伊恩·卡斯尔（Ian Castle）是研究奥斯特里茨战役的专家，著有《奥斯特里茨：拿破仑和欧洲之鹰》（*Austerlitz: Napoleon and the Eagles of Europe*, Pen & Sword, 2018）。

拿破仑的"西班牙创口"

1808—1814年，拿破仑陷入半岛战争僵局，大批资源投入这个战场，严重束缚了他在欧洲其他战线上的行动。 杰里米·布莱克（Jeremy Black）说，难怪人们会把这场战争与无法痊愈的创口相提并论。

在 1811年的阿尔布埃拉战役中，英军伤亡率达到了惊人的40%。对于此事，在拿破仑战争期间服役的英国皇家海军军官约翰·希尔上校评价道："毫无疑问，这是比以往任何时候都更加可怕的大屠杀。"

这场战役是半岛战争中最血腥的战斗之一。为了控制伊比利亚半岛，1808年，拿破仑统治下的法国与英国、葡萄牙和西班牙联军之间爆发了战争，战事一直持续到1814年。面对拿破仑的大军，西班牙平民进行了极为有效的游击战，虽然有成千上万人丧生，但法国最终也没能取得决定性的胜利。与西班牙的战争消耗了拿破仑巨大的资源，这对他甚至是致命的负担。

早在1806—1807年间，战争就初露端倪。当时拿破仑试图将自己的大陆体系强加于整个欧洲，目的是封锁英国的商路，使其瘫痪。中立国和法国的盟友都接到命令，不得与英国进行贸易，然而 1793年与英国签署互助条约的葡萄牙拒绝加入禁运行列。为了报复，拿破仑于1807年入侵葡萄牙，占领并关闭了其港口。但是，征服整个国家后，法国人并没有试图去平息葡萄牙人的不满，因此葡萄牙人对占领者持敌对

▼ 英国、西班牙和葡萄牙组成联军，在整个伊比利亚半岛与法国人开战。1811 年的阿尔布埃拉之战就是其中的一场战役。

态度，尤其在拿破仑征收重税之后。

1808年，法国已经占领了欧洲大陆
的大部分地区，并有效化解了奥地利、
普鲁士和俄国联军的威胁。但是，拿
破仑越来越专横，不愿听取任何建议，
他的统治出现了新的危机。下一个不满
的是西班牙人。由于法国军队在西班牙
不受欢迎，西班牙国王查理四世被迫退
位。拿破仑利用西班牙王室内部的分
裂，将王冠戴到了他的哥哥约瑟夫·波
拿巴头上。1808年6月，约瑟夫成为西
班牙皇帝，称约瑟夫一世。

拿破仑的哥哥约瑟夫被推上西
班牙皇位，这引发了反对法国统
治的普遍起义，半岛战争开始。

对此，西班牙人的回应是公开

▼ 1808 年，拿破仑的哥哥
约瑟夫被推上了西班牙皇
位。这引发了反对法国统
治的普遍起义，半岛战争
开始。

> 拿拿破仑利用西班牙
> 王室内部的分裂，将
> 王冠戴到了他的哥哥
> 约瑟夫·波拿巴头上。

叛乱，于是现在广为人知的独立战争开始了。同时，葡萄牙也发生了民族性的反抗。叛乱有多种动机，但人们普遍反对法国人在本国的统治。对法国人的憎恨减轻了各派在政治和社会问题上的分歧，叛军也更容易获得支持。

叛乱分子既不是为王冠、教会或国家而战的爱国主义者，也不是为寻求战利品而战的机会主义者，虽然这两个因素不能完全剔除。也有人反对法国的贪婪和改革，而他们也经常会有一些让人无法忽视的、暴力的反教权行动。

1808年7月，不知从哪儿冒出来的安达卢西亚的西班牙军队打败了拿破仑，这让人大为震惊。7月16—19日，双方在西

▶ 1808 年 5 月的马德里，西班牙士兵发动起义，反抗法国占领者。图为起义士兵捍卫蒙特莱昂的军营。

班牙南部进行了数次战斗，法国军队有1.8万人，由埃尔·杜邦邦·德·唐将军率领。因为兵力过分暴露和指挥不善，法军最后只能在屈辱中向西班牙军队投降。这是拿破仑军队在野战中第一次全面落败。同时，欧洲国家也明白了，拿破仑的军队并非所向披靡，这一点至关重要。打了败仗之后，法国军队撤退到了西班牙东北部的埃布罗河，西班牙大部分土地落入当地叛乱分子手里。

英国人一直密切关注着局势。他们打算利用拿破仑的挫败，于是派出由中将亚瑟·韦尔斯利爵士率领的远征军去了葡萄牙。亚瑟·韦尔斯利爵士是一位杰出的军事指挥官，一颗正在升起的将星，他就是后来的惠灵顿公爵。 1808年8月21日，英国远征军在葡萄牙的维梅罗击败了让·安多什·朱诺将军率领的法国军队。这次失败，实际上标志着法国结束了对葡萄牙的占领。这次战役中，韦尔斯利巧妙地将步兵部署在山脊后方，这样可以避免遭受法国大炮的轰击；他还派出步枪手隐蔽在山坡前方，以抵挡法国先锋军队轻型步兵。法国先锋军协同能力很差，先是被英国步兵和加农炮绊住了，然后被从山坡上冲下来的英国军队彻底击溃。

拿破仑进入战场

获胜之后，级别更高的军官取代了韦尔斯利的位置，他们不愿意进一步深入葡萄牙，去追击法军并巩固己方优势。8月30日，双方签订《辛特拉和约》，英国同意法国撤离葡萄牙，但他们撤离时要乘坐英国船只；回国后，英法依然可以敌对。英国人还同意运送法国人的行李和赃物。这项协议在英国引发了一场公众舆论风暴，相关人员被召回伦敦接受调查。约翰·摩尔爵士接替他们，成为指挥官。

法国方面，拿破仑本人亲自出马，来应对西班牙危机。他在1808年12月4日到达马德里，看上去，法国再次占据了优势。自8月以来，法国驻巴塞罗那的守军被围困；12月，法国在加泰罗尼亚的卡德德乌战役中获胜后，巴塞罗那之围解除了。抵抗法国占领的西班牙军政要员先撤到塞维利亚，然后到了加的斯，在那里他们可以得到英国军舰的支持。

摩尔中将受命支援西班牙。他想从里斯本进军西班牙，但是强大的法军迫使他撤到了加利西亚的阿科鲁尼亚港口（英国人称为"科伦纳"），他的军队可以从那里撤回英国。在严酷的寒冬中，英国人穿越西班牙北部撤退，一边走一边进行艰难的战斗。抵达科伦纳后，他们沮丧地发现，运兵船还没到。他们只好继续战斗，又抵挡了法国人好几天。最终，他们终于撤回了英国，但摩尔中将在撤退中丧生。1817年，查尔斯·沃尔夫为约翰·摩尔爵士的葬礼写了一首诗歌："我们在深夜的寂静中匆匆埋葬了他，草皮在我们的刺刀下翻转……"

法国人进攻里斯本的计划也是一片混乱，不过拿破仑的安达卢西亚军事总督苏尔特元帅将英军赶到科伦纳后，他移师向南，兵锋指向了仍在葡萄牙的英军。守卫里斯本的英军指挥官是约翰·弗朗西斯·克拉多克爵士，他是一位中将。克拉多克爵士是一位谨慎的指挥官——这在摩尔失败之后是可以理解的——克拉多克认为，英军有必要再次撤退。

1809年3月28日，苏尔特攻占了葡萄牙重要的沿海城市奥波尔图（现在通常称为波尔图），但是他的胜利并没有维持太久。英国派出维梅罗的英雄韦尔斯利率领一批新的英军增援葡萄牙，所有在葡萄牙的英军都由韦尔斯利统一指挥。5月12日，韦尔斯利突袭渡过杜罗河，击退法国人的反攻，并在第二场战斗中成功地从苏尔特手中夺回了奥波尔图。今天，这座城市仍然矗立着一座半岛战争英雄纪念柱，就是纪念夺得那场胜利的英雄。那是一座醒目的纪念柱，顶端有一只狮子（葡萄牙和英国军事同盟的象征）压在一只鹰（代表法兰西帝国）上。

苏尔特错误地估计了形势，以为自己已经控制住所有可以渡河的船只，所以通常行动果敢的他这次反应比较迟缓，这使得韦尔斯利的进攻计划执行起来事半功倍。苏尔特败退，向东北方向撤离，沿途烧杀掳掠，给当地造成了很大的破坏。阿马兰特镇的居民为了阻挡法国军团过河，团结起来捍卫自己的桥梁，法军烧毁了镇上大部分地方。今天，去阿马兰特旅游的游客仍然可以看到被烧毁的古老庄园废墟，那是拿破仑战争中留下来的，而这种破坏在当时可谓司空见惯。

1809—1810年冬季，在与第五次反法同盟的战争中，拿破仑战胜了奥地利。这让他能腾出手来，派遣军队前往伊比利亚半岛增援，尽管最初法国将精力集中在了西班牙身上。

因葡萄牙军队指挥失当，声名卓著的法国元帅安德烈·马塞纳受命征服葡萄牙。面对法军进攻的压力，韦尔斯利（现为惠灵顿子爵）在1810年选择向后撤退，以避免与规模庞大的法国军队作战。

马塞纳计划直接进军里斯本，但拿破仑命令他先占领西班牙边境要塞罗德里戈城和葡萄牙的阿尔梅达。这就让实行纵深防御战略的惠灵顿赢得了更多的时间。尽管两个要塞都攻陷了（阿尔梅达要塞的弹药库在8月27日被弹片引爆，炸毁了大半个要塞），但这推迟了马塞纳原本的计划。这位元帅出身卑微，未受过正规教育，但在战场上成长为法国军队中最杰出的指挥官之一。但是这一次，拿破仑为他提供的兵力远远少于原先承诺的。

惠灵顿并没有通过海上通道撤回英国，他坚信葡萄牙是可以守住的。他还建造了一个强大的后备要塞阵地，以掩护邻近的里斯本。在里斯本以西的塔霍海岸上，他部署了一道防线来保护庞大的圣朱利昂·达·巴拉要塞，以备万一英国人需要紧急撤离时，能提供掩护。

1810年9月15日，马塞纳率军入侵葡萄牙。9月下旬，惠灵顿在布塞科山脉设置防御阵地，抵抗法军的先锋部队。英国人和葡萄牙人固守在山脊上，而法国人计划不周，法军的进攻被打退了，造成近5000人的伤亡。

但是，法军从侧翼向惠灵顿的军队包围过来，英国和葡萄牙联军退回里斯本附近托雷斯韦德拉什防线的防御工事。今天，我们仍然可以在那里看到草木覆盖的工事遗迹。法国人在10月12日抵达防线，并在14日发起了进攻，联军工事非常坚固，法军未能攻克。联军实施焦土政策，周围的农村地区遭到严重破坏，这导致法国军队找不到足够的粮食，士兵甚至营养不良。上尉约翰·希尔在日记中写道："这个国家被严重破坏了。除了村庄周围还剩下的几只鸽子，我什么也没看见。屋子里的地板和橡木都被拿出来烧了，或是用来搭建小棚子……几个月以前还是一个好好的国家，现在成了一片废墟。"

冬季来临，法国军队的供应更加困难。疾病和饥饿给法军造成了惨重损失，1811年3月5日，马塞纳开始撤退。这宣告了从陆路进攻里斯本行动的失败。

半岛战争中五场关键的战役

得益于惠灵顿的天才指挥和他的军队英勇善战，战争的天平开始向英国倾斜

1 1809 年 7 月 27—28 日
塔拉维拉之战

在葡萄牙取得胜利之后，亚瑟·韦尔斯利进入西班牙，对法国维克多元帅所属军队发起了进攻。7月22日，韦尔斯利与西班牙军队一同在塔拉维拉作战，但是法国人迅速召集起强大的反击力量。韦尔斯利的大胆行为让他暴露了自己。7月27—28日，法国人在塔拉维拉攻击了英国和西班牙联军，并将进攻的重点放在人数不多的英国人身上。韦尔斯利部署的步兵击退了法国人的纵队，但英军在追击撤退的法国人时陷入了混乱，增援的法国军队将他们赶了回去。法国军队对英国和西班牙联军防线中心发动的最后一次进攻，韦尔斯利动用了后备力量才勉强守住。这次进攻让英军伤亡5400人，超过英国军队人数的四分之一。后来，法军发动了新的规模更大的进攻，韦尔斯利只得下令后撤。

◀ 1809 年，英国和西班牙联军在马德里西南的塔拉维拉与法国军队对阵。

2 1809 年 11 月 19 日
奥卡尼亚之战

阿雷扎加带领一支至少有5.1万人的西班牙军队向马德里进发，他们面对的是3万法国军队。法军名义上归约瑟夫皇帝统领，但实际指挥者是苏尔特元帅。1809年11月18日的骑兵战中，法国人赢得了胜利；11月19日，得益于压倒性的火力优势和对暴露的西班牙右翼骑兵的冲击，法军取得第二场战斗的胜利。在法国步兵的冲击下，西班牙人的阵线瓦解了，总计伤亡1.8万人，其中4000人被打死或受伤，法军伤亡2000人。

▲ 阿雷扎加肖像。

3 1812 年 7 月 22 日
萨拉曼卡之战

惠灵顿进入西班牙北部，这代表联军由防守转为进攻。惠灵顿先是在萨拉曼卡附近部署了防御阵地，不过他注意到法国军队在马尔蒙的指挥下，将战线拉得很长。于是他迅速从防御转为进攻，巧妙地让步兵与骑兵配合，摧毁了法国军队。法军损失1.4万人，其中一半成了俘虏；联军损失5200人，其中三分之一是葡萄牙人。

4 1813 年 6 月 21 日
维多利亚之战

惠灵顿擅长侧翼机动，而法军将领指挥能力不足，部署失误，这导致法国军队惨败。这次战役，战场延伸了8英里，惠灵顿采取积极进攻的策略，而且指挥得当，这都是他取胜的条件。法军人数处于劣势，伤亡8000人；英国、葡萄牙和西班牙联军获胜，他们伤亡5000人，其中有3300名英国人。这次战役还让法国人损失了约400门大炮，辎重队也受损严重，士气十分低落。随后，法军向比利牛斯山脉撤退，这使得英国有机会入侵法国。

5 1814 年 4 月 10 日
图卢兹之战

惠灵顿从大西洋海岸线一直打到法国南部的内陆地区，在他的入侵行动快要结束的时候，半岛战争的最后一场战役打响了。惠灵顿一直在追击苏尔特，1814年2月27日，在奥特兹击败了他。不久，他与苏尔特在图卢兹再次遭遇，英国、葡萄牙和西班牙联军有5万人，在人数上超过了苏尔特率领的4.2万法军。然而，法国坚固的防御阵地和猛烈的炮火也给联军造成了重大损失，最终联军惨胜。战后不久，从巴黎传来拿破仑退位的消息。

▲ 图卢兹战役之后，沉浸在胜利的喜悦中的惠灵顿。

落下帷幕

撤退的时候，马塞纳一直被惠灵顿追着跑，惠灵顿在追击中不时发动骚扰和袭击。5月初，英国人包围了葡萄牙北部的阿尔梅达城，马塞纳试图解围，不过他的计划遭到了联军的阻击。英军攻陷阿尔梅达后，马塞纳元帅被一贯无情的拿破仑撤了职。

与此同时，军备不足、供应不足、训练不足的西班牙军队和非正规军在法国人的进攻下，屡遭败绩。法军在1810年占领了安达卢西亚（加的斯除外）；1811年占领了埃斯特雷马杜拉；1811—1812年，占领了加泰罗尼亚和巴伦西亚。历经数年战争，西班牙的基础设施遭到了巨大的破坏，加泰罗尼亚蒙特塞拉特的本笃会修道院也在战争中被烧毁了。

在西班牙，法国军队也遭受了巨大的人员伤亡，超过了拿破仑其他大部分战役中的人员伤亡数量。在1811年5月的阿尔布埃拉战役中（联军最终以微弱的优势获胜），短短几个小时内，法军的伤亡人数就达7000多。在正式战役中，西班牙人总是打败仗，英国的将军们对这一点是相当不满的。

不过，西班牙正规军和游击队的抵抗，让法国始终无法控制农村地区，这严重阻碍了法军的后勤供应和物资输送。由于西班牙人的顽强抵抗，法国人无法集中优势兵力对抗惠灵顿。法军希望能彻底战胜西班牙人，但事与愿违。1812年拿破仑入侵俄国时，他的后勤供应线也出现了类似的情况，拉得又长又细。惠灵顿统领的英国和葡萄牙联军成功保卫了葡萄牙，之后在1812年又攻占了西班牙边境的要塞城市罗德里戈和巴达霍斯，两个地方在军事上都有很重要的意义。英国的两栖军队突袭比斯开海岸时，惠灵顿的英国和葡萄牙联军继续向西班牙北部开进，在萨拉曼卡击败了法国人，进而占领了马德里。

1812年秋天，面对强大的法军，惠灵顿一度避其锋芒，选择撤退，但到了1813年，他果断发起进攻。拿破仑的兄弟约瑟夫一世离开马德里，亲自督战，意图阻止英军向法国挺进的势头。英军巧妙调度，将侧翼部署在大家都认为无法通行的地方，最终在巴斯克地区的维多利亚击败了约瑟夫的军队。获胜后，惠灵顿继续进军，占领了圣塞瓦斯蒂安和潘普洛纳。此时，除了几个孤立的要塞，法国在西班牙的统治基本结束了。

约瑟夫被迫退位，并返回法国。这标志着一个残暴且极具破坏力的政权的终结。西班牙画家和版画家弗朗西斯科·戈雅创作了一系列统称为"战争灾难"的艺术品，它们极其生动地提醒人们不要忘记拿破仑的残酷行径及

> 约瑟夫被迫退位，并返回法国。这标志着一个残暴且极具破坏力的政权的终结。

其后果。在1808年的巴塞罗那，为了维持统治秩序，法国驻军枪杀了所有的嫌犯并没收了富人和教堂的财产。他们还扣押财物、横征暴敛，以攫取当地的财富，这也使得黑市蓬勃发展。同年，科尔多瓦也遭到了法军的猛烈进攻和掠夺。1808—1809年，法军围困萨拉戈萨，当地民众顽强抵抗，数千平民因此丧生。在格拉纳达，当地的建筑瑰宝阿尔罕布拉宫在1812年遭到了法国人的破坏。总之，半岛战争对西班牙的经济、社会、文化和政治环境都造成了巨大的破坏，目无法纪和腐败欺诈变得十分猖獗。

对拿破仑来说，半岛战争也让他付出了巨大的代价。最初这只是一个

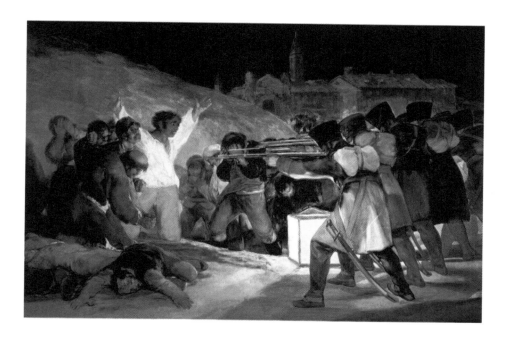

小规模的军事行动，但是最后，这却成了一场让他疲于奔命的战争。在他与第六次反法同盟的艰苦战斗中，半岛战争打破了法军不败的神话；在他需要援军前往德国的时候，几千名法军被绊在远方的伊比利亚半岛。半岛战争是一个难以愈合的伤口，最终成了拿破仑政权的一道催命符。

▲ 弗朗西斯科·戈雅在 1814 年创作的绘画作品《1808 年 5 月 3 日》，表现了拿破仑的军队围捕并处决抵抗法国占领的西班牙平民的场景。

杰里米·布莱克（Jeremy Black）是埃克塞特大学历史系的名誉教授。新近出版的作品有《联合作战》（*Combined Operations*, Rowman & Littlefield, 2017）和《防御工事与围攻》（*Fortifications and Siegecraft*, Rowman & Littlefield, 2018）。

半岛战争中的随军女性

安娜贝尔·文宁（Annabel Venning）为我们讲述了半岛战争中军人妻子的经历。她们离开家园，跟随丈夫来到异乡，一起面对战争的危险。

在19世纪40年代出版的回忆录中，来自蒙茅斯郡第43步兵团的安东尼·汉密尔顿中士回忆了1808—1809年冬季那场到科伦纳的撤退，他为我们描述了在艰难的撤退中，士兵妻儿所承受的巨大苦难：

> 路上到处是尸体和即将死去的人，但是女人们的痛苦更加可怕。由于后勤的疏忽和对妇女儿童关爱的缺失，随军妇女承受了巨大的苦难。有一些女性在行军路上产子，孩子在风雪中降生，一出生就死去了……还有一些母亲，背着一两个孩子走路，但是中途停下来查看孩子的状况时，她们才发现可怜的孩子已经冻死了。

汉密尔顿中士在约翰·摩尔爵士率领的军队中服役，他们被派往伊比利亚半岛，任务是把半岛从拿破仑手中解放出来。但是，摩尔很快就对他的西班牙盟友失望了，而且他发现自己有可能陷入人数众多的法军的包围。于是，他只能快速撤到西班牙北部海岸的科伦纳港，然后再从那里撤离回英国。

后勤供应严重不足，英军士兵本就对撤退一事很是愤怒，现在还饥肠辘辘，许多人甚至要赤着脚行走。军队纪律很快开始松懈，妇女们常常与丈夫一起洗劫他们经过的西班牙村庄。发现藏酒的时候，人们就扑倒在酒坛上，大醉一场，一来解馋，二来可以减轻精神上的痛苦。男人、女人和孩子都躺在地上，满嘴都是酒气。他们很容易成为法军前锋的目标，许多人被杀、致残或被俘。

1808年10月战争开始时，摩尔曾劝说妇女不要随军，要求属下"尽一切努力阻止那些有年幼孩子或身体虚弱的妇女跟随军队"，甚至提出支付她们返回英格兰的费用。但是大多数妇女宁愿忍受即将到来的种种困难，也不愿与丈夫分离。

她们克服了很多困难才走到今天，随军的机会也是抽签得来的。中签的比例是每100士兵可有6名妻子随军，或每60名男子有4名妻子随军，不过实际上的中签比例要高于这个数。抽签通常是在登船前一天晚上进行，有时甚至是出发当天在码头上抽签。因为如果抽签过早，那些妻子没能抽中的士兵可能会在登船前离开军队。

为了获取士兵定量一半的口粮，妇女们必须让自己有用，她们的工作是做饭，洗衣服或是缝纫。大多数将士都很高兴能够有妻子相伴，但也有人认为她们随军对军

为了获取士兵定量一半的口粮，妇女们必须让自己有用，她们的工作是做饭，洗衣服或是缝纫。

队和士兵本人都没有任何好处。炮兵上尉亚当·沃尔说："认为妇女在行军中会有用处，这是一个非常错误的想法。对士兵来说，有人洗衣服就像是一种幻想，因为士兵并不在意自己的衣服是否干净，而且妇女们也没有洗衣服。"在撤往科伦纳这250英里的路上，大多数人都精疲力竭，一说休息，大家立刻瘫倒在地，什么也做不了。

其他一些人，例如汉密尔顿，则认为让妇女儿童承担行军的痛苦是极大的错误。几乎每一篇有关撤退的报道都记录了她们的惨痛：一个军队小卖部的售货员看到一名士兵的妻子死在雪地里，身上还躺着一个活着的婴儿，正徒劳地吸吮她的乳头。行军中一位妇女掉进了路上的一个坑里，坑中的泥浆淹到她的腰部。她努力想爬出泥坑，但是迎面走来一群人，没有人停下来帮她，而且他们从她身上踩过去，最后把她活埋在泥潭中。还有一个无法跟上行军队伍的妻子在谷仓里住了一晚，结果被法国兵发现并强暴了，她因此怀孕，最后在英国生下了孩子。

不淑女的行为

许多妇女和士兵再也没有回到家乡，摩尔本人也在登上撤退的舰船前在科伦纳的战斗中被打死了。但是，当英国军队在惠灵顿的指挥下再次出征半岛时，一些士兵的妻子和军官夫人仍然愿意陪同她们的丈夫上战场。惠灵顿常常很生气，因为她们经常触犯军纪。人们指责惠灵顿，说他不该让那么多女性承受鞭刑，惠灵顿说，她们"至少是与男人一样的，如果不是更坏的劫掠者。如果女士免于受罚，将会鼓励抢掠"。

尽管存在各种危险和问题，但事实证明，随军妇女的存在，对于她们的丈夫和其他士兵来说还是大有益处的。霍利夫人的丈夫是第88团（诺兰游骑兵团，与其他军团一样，那个时候有几名黑人士兵）的黑人铜鼓手。在1811年9月的一场小规模冲突中，她被法国人俘虏了。同在那场冲突中受伤的第88团的格拉顿上尉在日记中写道："霍利太太的失踪让整个军团都感到

▼ 托马斯·罗兰森在1798年画的水彩画，妇女在军营中可以活跃气氛，消除战争带来的恐惧。

悲痛。受伤的军官可以被其他人取代，但在整个军队中，根本找不到另一名像霍利太太那样的女人。"她一定与她丈夫所在军团的官兵亲密无间，她的被俘才会让人如此悲伤。

也有一些女性因英勇而备受赞誉，例如苏格兰旅第94团一名士兵的妻子雷斯顿夫人，她与4岁的儿子一起随军并参加了半岛战争。她丈夫所在的分队驻守在加的斯城外一个破残的小堡垒处，那个堡垒在1810年的战役中被法国军队包围了。战况惨烈，法国人集中火力轰击了近30个小时，驻守的英军有将近一半的人被打死了。

在接近30个小时的炮火轰击中，雷斯顿夫人在收容所里帮忙照顾受伤的士兵。其间，外科医生让一个年轻的男孩鼓手去取水，那个男孩犹豫了，因为水井是敌人猛烈轰击的目标。看到他的恐惧，雷斯顿太太自告奋勇代他去取水。她在炮火下穿过广场，中途水桶还从手中脱落，不过她最终完成了取水的任务。她丈夫的同袍约瑟夫·唐纳森还看到她"搬运沙袋修护工事，分发弹药，并向战斗中的士兵提供酒和水"。她的英勇表现全都是自发的，并没有获得任何奖励。战争结束后，她回到了格拉斯哥的破屋里，继续自己的生活。

另一位爱尔兰妇女比迪·斯基迪也表现出了同样的勇敢，她"像一只大乌龟一样宽厚"。她的丈夫丹是坎伯兰第34团的一名士兵，患有风湿病，无法行走，为了不让他被法国人俘虏或杀死，她曾经背着他走了一英里半的路。她后来说，恐惧使她"变得像桑普森一样坚强"，从而能把她的丈夫安全地带回营地。她说自己的背"从那时起就完全弯曲，似乎永远也直不起来了。直到后来我去了爱尔兰的圣井，请麦克沙恩神父把手放在我身上并给我赐福，我的背才直了起来！"

▲ 1798 年的一幅绘画作品，画中妇女们正在做杂务。但这幅画对随军女性持批评态度，让人们怀疑她们在军营中是否真的能发挥作用。

▲ 1811 年的一幅宣传画。画面中，来自东肯特郡的第 3 步兵团在妻小的拖累（和支持）下，正在艰难行军。

▲ 一幅当代的石版画，画中随军女性在
战场上搜寻自己倒下的丈夫。

她的丈夫一定心存感激，但其他人可能不会这么想。比迪和其他随军女性常常会骑着她们的小驴子，走在军队的前面。她们要抢先进入营地，在士兵抵达时为他们准备好一杯热茶，但这样一来就耽误了整个军队的行动。惠灵顿发布了命令，如果她们不走在后面，她们的驴将被处死。比迪无视了这个命令，结果她的驴就被枪杀了。

许多军官认为，士兵的妻子为人粗鲁强硬，缺乏温柔贤淑的女性气质。一名军官说，野外生活"让她们不幸地变得不性感了"。她们在丈夫去世几天甚至几小时后就会再婚，一些评论家说她们残酷无情。但要想活下去，寡妇们除了迅速再婚别无选择，因为她们不会收到抚恤金。还有一些妇女的行为更为邪恶，她们会搜刮走战死或垂死的士兵身上的贵重物品，包括衣物。她们和那些在尸体堆里拼命寻找自己丈夫的女性一样，翻过每一具流血的尸体，察看他们的脸。一些人甚至在战斗还很激烈的时候就进入战场。据说，在1812年的萨拉曼卡战役中，军官妻子苏珊娜·达尔比亚克就骑行在她丈夫身边。

> 在战场上，妇女正在搜寻自己的丈夫，她们将每具流血的尸体都翻了过来。

半岛战争中，妇女变得冷酷无情。那是因为战争的艰难和环境的严酷使她们不得不如此。

唐纳森认为，"随军女性经历的困难和痛苦是常人难以想象的，她们要在怀着身孕的时候行军，或者背着孩子露天行军。某些情况下，她们走在行军队伍旁边，但一样要承受军事训练的痛苦"。我们很难不赞同汉密尔顿的看法，妇女和儿童不应该经历行军的严酷生活。但是，我们同样不能不像唐纳森一样，赞赏半岛战争中坚强的女英雄。她们的英勇让人们看到，忠诚和勇气并不是男人独有的。

军人妻子必须遵从的十条规则

根据不同军团的规范汇编而成

1 女人的首要职责是让丈夫感受到家庭的幸福，以及体面地教养孩子。

2 除了警卫人员和病人，其他人都不能随身携带行李……所有妇女都不得携带。

3 每个星期六，妇女和儿童都要在已婚者的军营里排队让医务人员进行检查。

4 若有妇女在军营中争吵，恶意散布谣言导致骚乱，一律逐出军营……

5 妇女必须对军队有用，承担打扫卫生、做饭等工作，否则不能进入军营。

6 妇女需按照军规来整理内务，以保持军营的整洁和统一。

7 已婚妇女要保持房间整洁，按规定叠好被褥，做好个人和孩子的卫生工作，举止合宜。

8 士兵的妻子必须和自己的丈夫一样服从纪律。屡次违反纪律的妇女有可能被剥夺特权，从已婚者名册中剔除。

9 士兵和妻儿都要穿着得体，才能离开营房。

10 女性若想列入已婚者名册，需要提供自己品行良好、举止有度的证明。

安娜贝尔·文宁（Annabel Venning）著有《与步行者一起走向战场》（*To War With the Walkers*, Hodder & Stoughton, 2019）、《追随战鼓声：军队中妻子和女儿们的生活》（*Following the Drum: The Lives of Army Wives and Daughters*, Headline, 2005）。

拿破仑折戟莫斯科

拿破仑在1812年入侵俄国，这最终成了他的一场灾难。 多米尼克·利文（Dominic Lieven）认为，对于法军的败退，严酷的冬天是一个因素，但还有其他关键的原因。

1812 年，拿破仑率领60万兵力入侵俄国，这是欧洲战争史上规模最大的军团。然而，到了1813年，战场上只剩下2.5万名幸存者。

这次战争震惊了整个欧洲，并促使俄国、奥地利、普鲁士和英国结成新的反法同盟。1813年，联军在德国战场上击败了拿破仑，并于次年入侵法国。1814年3月，联军占领巴黎，并推翻了拿破仑政权。

1812年的欧洲，俄国是唯一一个独立的大国。在1805—1809年，拿破仑大军势如破竹，取得一系列胜利，摧毁了奥地利和普鲁士，迫使那两个国家成为他的附庸。

若是俄国战败，它将不再对拿破仑的欧洲帝国构成威胁，并且能成为他与英国博弈的称手工具。

拿破仑入侵俄国的主要目的是把它也变成自己的附庸。若是俄国战败，它将不再对拿破仑的欧洲帝国构成威胁，并且能成为他与英国博弈的称手工具，也许它能威胁到英国在印度和波斯的利益。当然，战败的它必须加入拿破仑对英国的经济封锁，打击英国的贸易和金融。此外，俄国还要将西部的一些领土割让给新生的波兰王国，这个新生的波兰是拿破仑在东欧最忠实的附庸。

入侵俄国，拿破仑希望能够速战速决，就像他在1805年和1806年那样，仅用几周就击败了奥地利和普鲁士的军队。如果他能在边界附近牵制并摧毁俄国军队，那沙皇亚历山大一世将无法应对后续的战争。因为没有那些久经沙场的老将，沙皇不可能迅速重建一支有战斗力的军队。看穿了拿破仑的计谋之后，亚历山大和他的首席军事顾问米哈伊尔·巴克莱·德·托利将军就将保全有生力量列为重中之重。鉴于法军人数是俄军的两倍还要多，俄国人撤出了整个立陶宛和白俄罗斯，并且实行焦土策略，不让拿破仑获得任何物资，以此来消耗他的军队。这个策略奏效了，拿破仑到达俄国心脏地带边缘的斯摩棱斯克

◀ 1814 年的俄国沙皇亚历山大一世画像。对于拿破仑在莫斯科的惨败，人们远远低估了亚历山大在其中发挥的作用。

时，法军和俄军的人数之比已经是3∶2了。

　1812年8月，两军在斯摩棱斯克附近交战。拿破仑希望能够粉碎俄军，但是因为下属的失误，他错过了那个机会。当然，俄国军队顽强有序的抵抗也是非常重要的原因。

　此时，拿破仑可以在斯摩棱斯克休整，利用1812—1813年的冬季巩固他在立陶宛和白俄罗斯的战果，然后在1813年春季向俄国的心脏地带发动进攻。但是，他担心自己离开法国这么长时间，国内的政治动荡会削弱自己的力量。他（正确地）怀疑，若是在当地休整，他是否有能力供养这些驻扎在立陶宛和白俄罗斯的军队。当然，他的这个怀疑是非常有必要的。各方权衡之后，他决定在1812年9月进军莫斯科。

　俄国首都距斯摩棱斯克仅两个星期的路程。当时刚过秋收，拿破仑可以轻易地在俄国心脏地带筹粮。他还知道，俄国军队必然会全力保卫莫斯科，这样他就有机会在战斗时摧毁俄军主力。9月，拿破仑在博罗季诺与俄军进行了一场会战，但未能取得决定性的胜利。后来，法国人终于占领了莫斯科，但他们没能完成摧毁俄国军队的目标。

　现在，拿破仑不知道下一步该怎么做了。他待在莫斯科，希望亚历山大主动提出和谈，或在俄国精英的胁迫下商谈和平协议。但是拿破仑太不了解他的敌人了，亚历山大确信，随着冬天的来临，莫斯科将成为法国人无法逃脱的巨大陷阱，会吞噬他们。实际上，即使亚历山大希望和解，他也无法做到，因为法军入侵已经激怒了俄国舆论，对法军放火焚烧莫斯科的行为，俄国人更是义愤填膺。

◀ 1850年的版画，表现了1812年拿破仑的军队在莫斯科烧杀掳掠的行为。

被迫撤退

　　在亚历山大在组织力量抵抗法国时，在莫斯科徘徊了六个星期的拿破仑考虑到，若是后勤补给线被切断，则大军粮草难以为继，于是被迫撤到俄国边境。在撤退过程中，他眼睁睁地看着自己的军队溃散，危机越来越严重了。

　　长期以来，人们把拿破仑折戟莫斯科归咎于冬季酷寒的天气，不过法国军队纪律涣散可能是更重要的原因。出色的俄国轻骑兵（尤其是那些哥

▲ 扬·范·切尔敏斯基在 1888—1889 年绘制的油画，画作
表现了 1812 年拿破仑的军队从莫斯科撤退的情景。沙皇亚
历山大一世把法军一路赶到俄国的边境。

萨克的非正规军骑兵）也发挥了巨大作用，他们不断骚扰拿破仑的军队，让法军没有机会在路上找到粮食。

不过亚历山大知道，只是将拿破仑赶出俄国，是远远不够的。只要拿破仑还控制着德国以及整个西欧和南欧，他就仍然对俄国的安全构成巨大的威胁。

1812年，拿破仑直接或间接统治的人口超过了6300万，而沙皇亚历山大统治下的人口只有4200万，俄国国力不足以承受长期和拿破仑这样的敌人作战。所以，亚历山大决定在1812年12月入侵中欧，他希望普鲁士和奥地利能够加入反对拿破仑的阵营。

事实证明，沙皇的谋划是正确的，但仅此而已。1813年上半年，拿破仑在野战中组建了一支新军，人数将近50万。因此战争开始时，法军的人数是俄国和普鲁士联军人数的两倍。到了1813年秋天，奥地利正式加入联军，俄国的增援军队也到了，兵力优势才转向联军。即便如此，胜利的天平依然在摇摆，直到1813年10月的莱比锡战役，联军才取得了决定性的胜利。

◄ 亚历山大·伊万诺维奇·绍尔维德的绘画作品，描述的是1813年10月的莱比锡战役。在这次战役中，联军取得了对拿破仑军队的决定性胜利。图中的俄国骑兵在战役中发挥了重要作用。

在分析拿破仑战败的原因时，人们严重低估了俄国的作用。西方人认为，战败的主要原因是拿破仑指挥失误，以及恶劣的天气。同时，在列夫·托尔斯泰那部皇皇巨著《战争与和平》的影响下，俄国人将重点放在了民众的爱国主义力量上。他们都忽略了俄国政府在战略战术上的优秀表现。正是因为提前制定了正确的战略，俄国才能在1812年的战争中发挥出自己的优势，让拿破仑在失败的道路上越走越远。

▼ 俄国有大量优质战马，这也是他们能够获胜的重要原因。

人们之所以严重低估俄国的作用，一个关键原因是，他们都没有把1812年的战役放在亚历山大大帝的整体宏大战略背景下进行研究，而这个战略要一两年后才结出果实。

亚历山大主导的同盟最终摧毁了拿破仑的帝国。与前一年相比，俄国军队在1813年秋季的表现更为顽强，他们是联军战力的核心。在拿破仑战争的时代，马匹是很多战役制胜的关键，它们起到了现代战争中坦克、飞机、卡车和机动火炮的作用。俄国有大量优质战马，这也是他们能够获胜的重要原因。

不过，俄国能够战胜拿破仑，最重要的原因是它的领导者比拿破仑看得更长远。与拿破仑·波拿巴对闪电战的依赖相比，沙皇亚历山大的军事和外交综合战略更适合实际，也更加巧妙。

多米尼克·利文（Dominic Lieven）是剑桥大学三一学院的名誉研究员，著有《俄国与拿破仑的对抗：争夺欧洲的斗争（1807—1814年）》（*Russia Against Napoleon: The Struggle for Europe, 1807–1814* ，Penguin, 2009）。

整个英国都笼罩在拿破仑恐怖之下

在滑铁卢战役之前，英国的军事力量时强时弱，公众的情绪也经常在欢乐与恐惧之间摇摆。珍妮·乌格洛（Jenny Uglow）为我们讲述了当年的故事——对拿破仑的恐惧笼罩了整个英国。

拿破仑·波拿巴倒台的消息让长期与法国交战的英国欢欣鼓舞，人们终于松了一口气。摄政王宣布将于8月1日在伦敦的皇家公园举行盛大的庆祝活动，这一天也是汉诺威王朝统治英国100周年的纪念日。实际的庆祝活动比计划中要壮观许多，圣詹姆斯公园的中国宝塔着了火，然后坍塌，倒入湖中，压死了两名男子和一些天鹅。这吸引了大批观众，大家都以为这是演出的一部分。在海德公园，巴塞洛缪博览会预定在庆祝活动那个月月底举行，博览会将占据整个公园，秋千、旋转木马、驯兽表演、骑驴比赛和套袋赛跑等吸引了大批观众。甚至连印刷机也不够用了，因为需要印制大量纪念品。作家查尔斯·兰姆抱怨道，草地已经变成了沙地，"到处都是摊位和饮酒处，足有一英里半长……空气中充斥着烈酒和劣质烟草的气味，到处是肮脏的人群和食物"。

1793年，英国与法国的战争爆发之初，政客曾向公众保证，冲突将在

▼ 查尔斯·卡尔弗特的画作。1814年，为庆祝拿破仑政权垮台，人们在海德公园蛇形湖上举行了一次模拟海战。整个英国都在庆祝法国皇帝的失败，不过他很快又夺回了皇位，欢乐的气氛顿时失色了。

数月内结束。然而事实是，仅在1802年《亚眠和约》签订后有过短暂的和平，战争已经持续了20多年，30万士兵丧生，还有更多的人受伤或残疾。

但是，整个国家放松了不到一年，第二年春天，拿破仑复位的消息传来，让兴高采烈的英国人瞬间跌入绝望的深渊。人们焦虑不安，听到滑铁卢战役的消息时，喜悦和恐惧交织在一起。英国民众在欢呼，在等待，在观望，也在战栗。紧张的情绪席卷了整个国家。

……拿破仑复位的消息传来，让兴高采烈的英国人瞬间跌入绝望的深渊。人们焦虑不安，听到滑铁卢战役的消息时，喜悦和恐惧交织在一起。

▼ 拿破仑从流放地厄尔巴岛返回巴黎，这让许多英国人大为震惊。

上升的希望和解冻的冰雪

想及时获得前线的消息，始终是非常困难的。在1813—1814年那个寒冷的冬天，积雪阻断了道路，河流被冻住了，邮件也停止了运送。

但是随着冰雪的融化，希望也在生长。在北方，拿破仑的军队在进行后卫防御战，战果卓著，以阻止奥地利、普鲁士和俄国的联军越过边界；但是在南方，惠灵顿公爵在西班牙击败了法国军队，并越过了比利牛斯山脉。在这个紧张关键的时刻，普通人的生活仍在继续。简·奥斯汀在3月给姐姐卡桑德拉的信中写道："别因为我又给你写了一封信而生我的气。我看完了《海盗船》，补好了衬裙，没有别的事可以干了。"

随后，传来了让人紧张的消息，是关于法国人胜利的谣言，人们赶紧在价格下跌之前把股票卖掉。1814年4月4日，《泰晤士报》仍在转载巴黎报纸上报道的法国胜利的消息。然而实际情况是，在3月的最后两天（在新闻传到伦敦之前一周），俄国人和普鲁士人已经进入了巴黎。4月2日，新的法国参议院宣布正式罢免拿破仑·波拿巴。

年长的贵族阿玛贝尔·休姆·坎贝尔写道："复活节前的那一周是非常激动人心的，在那个星期二，我们听到了三个令人难以置信的好消息，那天晚上我几乎无法入眠。"

报纸上充满了自相矛盾的报道，但到最后，在复活节前一天的那个星期六晚上，外交部发表了一份特别公报，声称特派人员已经到达，"宣布了拿破仑·波拿巴从法国和意大利皇位退位的消息"。

书店外面排起了长队，报纸很快卖完了。整个国家都响起了钟声，到处都闪耀着灯光。"这是震撼人心的大事！"牧师约翰·斯通纳德大声喊

道，"在我们有生之年，再也不会有这样的新闻了！以后，那些报纸将像账本一样枯燥无味，而政治也将像蛋白一样平淡无奇。"

在复活节那天，联军各国签署了《枫丹白露条约》，将拿破仑放逐到厄尔巴岛，并恢复了路易十八的皇位。十几岁的托马斯·卡莱尔以惊愕的口吻写道："全能的皇帝要在瓶子里小睡了。"小说家玛丽亚·埃奇沃思惊呼道："过去几周在法国发生的一切，是一场没有流血的革命！巴黎被占领了，不过没有发生抢掠事件。"

▲ 拿破仑一生中被流放了两次。这幅讽刺漫画显示了拿破仑退位后，被流放到大西洋圣赫勒拿岛的情景。这位科西嘉人曾让英国人做了十多年的噩梦。

◀ 约瑟夫·博姆的画作，展示了拿破仑离开流放地厄尔巴岛，返回法国的情景。这让许多因拿破仑"失败"而欢欣鼓舞的英国人陷入了盲目恐慌。

在白金汉郡的哈特韦尔，丧偶的法国新国王路易十八和他的侄女，以及路易十六和玛丽王后的独生女昂古莱姆女公爵收拾行装，准备返回巴黎。那个月的下旬，路易十八对伦敦进行了国事访问。拜伦勋爵在给摩尔的信中写道："写这封信的时候，忍着痛风病痛的路易斯正率领必胜之师向皮卡迪利进发。我得到了一个座席，可以看到他们通过。但是，虔诚尊崇天主教的国王对我没有任何吸引力。"4月24日，路易斯乘坐"皇家君主"号游轮离开多佛前往加来，并于5月3日进入巴黎。

步履蹒跚的士兵

士兵慢慢返回了他们的家乡。步枪手本杰明·哈里斯在1809年去了荷兰，他在瓦尔彻伦远征中发烧了。他和同一营的士兵一起行军去切尔西，但在路上被叫停了。哈里斯看到了成千上万来自英格兰、苏格兰和爱尔兰的士兵，伤残的轻装步兵、重装龙骑兵、轻骑兵、炮兵、步枪手和来自所有军团的士兵们，他们站在街道两旁，"游荡在不同的公共场所门前，身上带着现代战争所造成的各种创伤"。一个星期后，哈里斯复员了，补偿金的标准是每天6便士。

英国家庭终于可以松一口气，看到他们脱下军装的父亲、儿子和兄弟与无数法国战俘一起回来。彼得伯勒的报纸写道："法国战败给囚禁在诺曼克罗斯的战俘带来的欢乐是难以言喻的。四边形监狱的每个边上都竖着一面大白旗，成千上万在这里监禁多年的可怜家伙来到旗下，他们内心充满喜悦，跳舞，唱歌，笑闹并大声欢呼。"

获得假释后，住在苏格兰梅罗斯附近的几名法国军官的待遇则完全不同。小说家沃尔特·斯科特曾热情接待过他们。斯科特写道："他们中的许多人都曾追随波拿巴，他带领他们赢得了一次又一次的胜利。许多法国军官完全不能接受，这个世界已经改变了。"

但世界确实改变了。5月30日那天，根据《巴黎和约》，对法国边界进行了一些细微的调整，恢复到1792年（法国革命战争爆发时）的状态。6月间，普鲁士的弗雷德里克·威廉三世、俄国沙皇亚历山大和奥地利总理梅特涅克，以及德国各州的元首和几位将军，对伦敦进行了国事访问。从多佛开始，整条道路灯火通明。当时年仅10岁的艺术家托马斯·西德尼·库珀记得,坎特伯雷的街道上悬挂着各个国家的国旗,游行队伍中受伤的士兵"受到了平民的热情款待和喝彩,他们在一起抽烟,喝酒,整座城市一直处于欢乐和骚动的状态,直到午夜"。

全英国都在狂欢

在伦敦,游行路线沿途的窗户可以租借给观看游行的人,并收取巨额小费;面包房卖光了所有的面包;海德公园的奶牛被欢呼声吓倒了,没能挤出牛奶来。伯灵顿大厦举行了一场盛大舞会,年轻海军军官的妻子贝特西·弗里曼特尔气喘吁吁地说:"房间里灯火辉煌,看上去就像童话里的宫殿……里面有2000人,我没有感到任何不便。我在那儿一直待到第二天早上七点,几乎见到了我在伦敦认识的每一个人。"

与之相媲美的是在威迪尔斯俱乐部举行的化装舞会。阿尔万利男爵打扮成了和尚;政客坎布·霍布斯穿上了阿尔万利的阿尔巴尼亚长袍;卡罗琳·兰姆夫人则戴着狂欢节面具出现,炫耀着她的绿色长裤。

整个春季和夏季,全国各地都在庆祝,街道上摆满了桌子,乡村的草地上不停歇地办着各种活动或舞会。奥尔德姆的纺织工人威廉·罗伯顿写道:"各个工厂的职工带着不同的乐器,举着旗帜在大街上游行,工厂主则为自己的职工提供晚餐和啤酒。一辆手推车上画了一对织布机,一个人正在织粗布,象征波拿巴形象的人正在纺线……在欢乐的气氛中,啤酒在流动。"

每个城镇都有这样的故事。在萨福克郡的伯里圣埃德蒙兹,有一场为方圆20英里内的4000名穷人举办的盛宴,詹姆斯·奥克斯记录道:"所有的肉都是在一两天前就煮好的,当然都凉了,但李子布丁是热的。摆满了黄油和牛奶的桌子在剧院周围绕了一圈。"

在林肯郡的盖恩斯伯勒，举行了"盛大的象征式游行"，其中有一座上面写着"前往厄尔巴岛"的退位法国皇帝的雕像。在德文郡的小城镇阿什伯顿，假释犯人也参加了当地的游行，队伍有"五十个花童、干草农和其他农民、毛线制作工人"，最后是"四匹马并排拉着的不列颠尼亚凯旋车"。

但是，并非所有人都喜欢这样的庆祝活动。记者威廉·科贝特认为，这是一种歇斯底里的发泄方式。他说，喧闹的舞会和游行队伍，"从庄重高贵的酒会到兰开夏郡学校衣衫不整的小孩子……整个庆祝过程，人们烤了2000多头牛和2000多只羊。整个王国，到处都是无尽的铺张浪费，还严重影响了日常的生产生活，人们似乎都在疯狂地喝酒和欢呼"。

人们很快就清醒了。随着冬天的临近，穷人又开始被饥饿困扰。新的一年开始后，参加维也纳会议的代表在等待签订和平条约的时候，失业的士兵却在英国马路上徘徊，在战争中赚了大钱的农民则担心玉米价格会下跌。 1815年3月，在即将通过一项禁止进口法案的最后阶段，英国的小麦价格已跌至1夸脱80先令以下。暴民们聚集在议员会议大楼外面，他们拆掉栏杆，在墙上涂写"没有面包就要流血"的标语。

3月10日星期五那天，伯里圣埃德蒙兹的詹姆斯·奥克斯在日记中担忧地写道："今天早上，通过邮局传来消息，波拿巴在10名还是1.2万名士兵的帮助下，在法国登陆了。"拿破仑从流放地厄尔巴岛逃走了，10天前，他带着600名士兵在地中海昂蒂布港附近登陆。

突然之间，整个英国都陷入了恐慌。每天都有各种真假难辨的信息传来——拿破仑到里昂了，大部分法国军队和海军都归顺了他；他的军队正在逃亡。奥克斯写道："人们深切地希望，波拿巴会被包围，不管是死是活，他将作为一个囚犯被带到巴黎。"但事与愿违，3月24日耶稣受难日那天，他小心翼翼地写道："今天早上，伦敦报纸报道，波拿巴已于上个星期一，也就是3月20日那天抵达巴黎。他没有遇到任何反抗，也没有开枪。"拿破仑重新掌权了。

玛丽·哈钦森在拉德诺郡的家庭农场给她的亲戚汤姆写信，说他们已经派人到镇上去找报纸了。"我们得搞清楚波拿巴是不是真的回到巴黎了。当所有人都焦虑不安的时候，没有报纸真是太可怕了。我们从13号就没有报纸了，因此大家都陷入了黑暗，好不容易听到一点消息，却让我们的心情更加黯淡了。那些睿智的皇帝和国王现在在想什么？他们曾经逮住了他，却没有干掉他，反而给了那个暴君一个机会，让他再次将世界拖入苦难。"

她认为超过一半的农民"只考虑自己，只看到现在，如果再次爆发战争，他们会很高兴"。但大多数人都充满焦虑，他们觉得未来会有更高的税收、更大的困难和更多的死亡。本杰明·哈里斯那样的士兵被召回了军队，3万名士兵在坎特伯雷集合，他们将步行前往迪尔，然后登上在唐斯等待他们的船只。

在接下来的两个月，英国公众密切关注法兰德斯和莱茵河周围的战况。到了6月，天气炎热起来。全国各地都开始收割庄稼，伦敦的精英们也准备去乡间度假了。大约在6月19日，从英吉利海峡那一边过来的信使带来一个消息，在布鲁塞尔以南的滑铁卢进行了三天的战斗。这个消息在城市中快速传播开来。

6月21日晚，惠灵顿的副官亨利·珀西疲惫地抵达伦敦。第二天早上，

▲ 1819 年的绘画作品。切尔西的一群退伍军人不断收到滑铁卢之战胜利的好消息。对于一个被战争搞得筋疲力尽的国家来说，这些消息无疑是最美妙的乐曲。

《纪事报》宣布："彻底打败了波拿巴：我们将停止报道其他消息，隆重宣布惠灵顿公爵赢得了有史以来最辉煌、最彻底的胜利，这将是英国永不磨灭的荣耀。"

战事余波

然而，虽然公众的情绪比以往任何时候都更为高昂，但士兵的信令人悲伤，人们深刻地感受到了战争的残酷。步兵分队的詹姆斯·斯坦霍普写道："在那场仿佛大屠杀的战斗中活下来，是极为难得的。"在接下来的几个月中，数百名英国人来到战场，他们捡回了一些纪念品，如纽扣、子弹头、一封信，或一个头骨。

报纸还有后续报道，说波拿巴已经退回巴黎，又筹集了一支新的军队。7月15日，他在罗什福尔向"贝洛芬"号的舰长梅特兰投降了。"贝洛芬"号先后在托贝和普利茅斯停泊，人们挤在岸边，甚至想划船出海去看一看拿破仑。水手们挂出了告示牌，说波拿巴正在吃早餐，或者说他正待在自己的小房间里。

海军陆战队的乔治·戴尔将军见到了拿破仑。他注意到了每一个细节，从拿破仑的白色长裤到稀疏的头发和"板着脸的外表"。他写道："那是一件非常奇妙的事，当我回想这件事的时候，我几乎无法相信自己正'看着波拿巴'。这个人让无数人流血、死亡，他给整个欧洲都带来了

> 人们挤在岸边，甚至想划船出海去看一看拿破仑。

深重的灾难。现在，他是英国的一名战犯，被囚禁在英国的一个港口。但是……嗨，世事真是奇妙！"

十天后，即1815年8月11日，这天是星期五。拿破仑乘坐"诺森伯兰特"号去往圣赫勒拿岛——他最后的流放之地。在英国，尽管形势依然很艰难，但就眼下而言，在经历了令人振奋的1814年、拿破仑归来后的恐慌和滑铁卢之战带来的情绪起伏之后，整个国家都像乔治·戴尔将军一样，感到了某种震撼——漫长的战争终于结束了！

珍妮·乌格洛（Jenny Uglow）是一位历史学家和传记作者，著有《那个时代：生活在拿破仑战争时期的英国（1793—1815年）》（*In These Times: Living in Britain Trough Napoleon's Wars, 1793–1815*, Faber & Faber, 2014）。

拿破仑为什么被称为"伟人"？

拿破仑的军事天才，盖过了他作为一个开明统治者所取得的傲人成就。拿破仑的统治改变了欧洲的社会状态、法律、政治和文化。本篇作者安德鲁·罗伯茨（Andrew Roberts）认为，把拿破仑与希特勒做比较，对这位现代法国的创始人来说是不公平的，那抹黑了他的形象。

作为一个统治者，究竟要有怎样的功绩，才能赢得那个梦寐以求的"伟人"的称号呢？亚历山大、阿尔弗雷德、查理大帝、彼得、凯瑟琳都是举足轻重的历史人物，都对他们所处的时代产生过决定性的影响。而且，其他具有同等影响力的人，实际上往往更加出色（至少按照现代标准来看是这样）。如西班牙的弗雷德里克·巴巴罗萨、英国的亨利五世、费迪南德和伊莎贝拉、伊丽莎白女王、神圣罗马帝国皇帝查理五世、"太阳王"路易十四等，也许他们也应得到那样的荣誉。但是，在所有这些人中，我认为最杰出的是拿破仑·波拿巴。

人们有时候会用"伟人"来形容拿破仑。在一些公共建筑中，比如巴黎旺多姆广场纪念柱的基座上，就可以看到这样的字眼。卢浮宫的总管维万特·德农在19世纪初期写就的21卷《埃及方志》中，就有"伟大的拿破仑"这样的篇章标题。但这种观点流传并不广泛，甚至在区分拿破仑和他的那位不怎么出色的侄子拿破仑三世的时候，也没人用这种描述。

从政治难民到改革者

拿破仑一世是现代法国的创始人，也是历史上最伟大的征服者之一。最初，身无分文的他以政治难民的身份来到法国。六年后，他通过一次军事政变上了台，最终让自己的名字成为一个时代的标志。作为首任执政府成员和后来的皇帝，他几乎在整个欧洲建立了霸权，但最终，他的统治被反法同盟推翻了。尽管他的军事生涯最终以失败收场，他本人也在流放中度过余生，但在他短暂却多彩的一生中，他进行了60场战斗，仅失败7次。对于任何年代的将军来说，这都是一个辉煌的纪录。

拿破仑的战场决策能力是惊人的。在研究了他一生中经历的绝大多数战斗之后，他对地形天才般的运用，以及他在战场上敏锐的直觉和对战机的把握，

▼ 保持胜利姿态的拿破仑。这昭示了法国军队在埃劳与俄国军队对峙的结局。

都让我叹为观止。评价一位将军，我们必须要看他的战绩。在拿破仑指挥的60场战斗中，他只输掉了阿卡、阿斯珀恩-埃斯林、莱比锡、拉罗蒂埃、拉昂、奥伯河畔奥基斯和滑铁卢战役。当被问到谁是那个时代最伟大的指挥官时，凭借漂亮的战术打败了拿破仑的惠灵顿公爵毫不犹豫地回答："在这个时代，在过去的时代，在任何时代，都是拿破仑。"

希特勒是另一位想入侵英国的统治者，在苏联铩羽而归之后，被盟军击败。目前有一种倾向，将拿破仑与希特勒做比较，这种倾向已经有了很大的影响，以至于我们现在不能再用"伟人"来形容拿破仑。事实上，拿破仑和希勒特没有任何相似之处。在六年的研究过程中我逐渐意识到，第二次世界大战之后，我们对拿破仑的看法已无可救药地扭曲了。拿破仑是个有理想的人，才华横溢、幽默风趣，他在情感上慷慨宽容，他解放了犹太人，与希特勒没有任何相似之处。他们的独裁统治和对俄国的入侵也是完全不同的。拿破仑从未追求所谓的生存空间，也没有实施种族灭绝政策，他只想在俄国打一场短暂的边境战争。

革命给法国带来的大部分好处，英国在140年前进行政治革命之后，就已经在享受了。笼罩在拿破仑入侵的阴影之下，历代英国政府都下定决心要推翻他。但是，当时英国也在世界范围内寻找殖民地，以建立庞大的帝国，所以英国对拿破仑帝国主义行径的谴责完全是虚伪的。拿破仑曾说，他来自"钟爱帝国的种族"（这里指法国，而不是科西嘉岛），但是对领土扩张的渴望并不是他独有的。在欧洲人的记忆中，路易十四、凯瑟琳大帝、腓特烈大帝、奥地利的约瑟夫二世和瑞典的古斯塔夫三世都曾经发动对外战争，而且大西洋彼岸的美国当时也在向西扩张（这主要归功于1803年他们从拿破仑手中购买了路易斯安那）。

▲ 安东尼·让·格罗斯男爵的绘画作品，图为拿破仑在 1807 年 2 月 9 日视察埃劳战场的情景。当被问及谁是那个时代最杰出的指挥官时，惠灵顿公爵立刻回答："在这个时代，在过去的时代，在任何时代，都是拿破仑。"

拿破仑在立法方面的贡献是可以与他的军事成就相媲美的，就影响力而言，甚至远远超过了他的军事成就。1815年底，哪怕法国被迫回到了拿破仑时代之前的状态，他的许多民事改革措施也仍在施行。《拿破仑法典》是当今欧洲大部分法律的基础，有40个国家的法律借鉴了这部法典。拿破仑时期的一些建筑（由后来的统治者完成）是巴黎的荣耀，他沿塞纳河建的桥梁、水库、运河、下水道和码头等，今天还在使用。

今天，最高法院、最高行政法院仍在履行职责，拿破仑创建的法兰西银行仍是法国中央银行。就像法国最好的中学仍在提供一流的教育一样，法国荣誉军团勋章仍然备受青睐。

拿破仑曾扬言，要锚住法国社会的"花岗岩石块"，让它延续下去。所以即使他不是历史上最伟大的军事天才之一，他也仍是现代社会的巨人。人们赞扬拿破仑取得的成就时，他的母亲回答："这要看能不能持续下去。"它们延续到了今天。

之所以能够存续，是因为拿破仑有意识地保护了法国大革命最好的方面，并在此基础上进一步改革，同时他也摒弃了革命中不好的方面。他在国务委员会早期的一次会议上说："革命的浪漫已经结束了。现在，我们必须开始书写它的历史。"但是，改革生效需要时间，而欧洲的君主们不会给他这个时间。他曾说过："化学家有一种可以用来制造大理石的粉末，但是，必须有时间让它们变成固体。"他也要有时间让粉末变成石头。

为何欧洲各国君主如此惧怕法国大革命？因为它威胁到了俄国的农奴制，威胁到了奥地利和普鲁士的君主专制；而拿破仑在欧洲大陆建立霸权，则会威胁到英国。所以，23年间，他们先后组织了七次反法同盟，以

▲ 雅克·路易·戴维1812年绘制的拿破仑肖像，背景是杜伊勒里宫的书房。安德鲁·罗伯茨说过："拿破仑保护了支撑我们现代社会的许多观念，并将其以法律的形式固定了下来。"

▲ 1809年伦敦的一幅漫画，一位正在给拿破仑做检查的医生说："你的心在你的马裤里。"
安德鲁·罗伯茨认为，针对拿破仑军国主义的批评大多数都是虚伪的，因为"英国自己
那时正忙着建立一个庞大的殖民帝国"。

期瓦解法国大革命和拿破仑的帝国。

拿破仑在位16年间，法国发生了根本性的改变。许多现代社会的观念也传播到了其他国家，如精英管理、法律面前人人平等、保护个人财产、宗教宽容政策、发展现代世俗教育，等等。因此，拿破仑失败之后，波旁王朝重新掌权，很多事情也无法退回过去了。拿破仑还解决了恶性通货膨胀，规范了工作时长，取缔崇拜超人的荒谬神学（革命爆发后由罗伯斯庇尔创立），并解决了督政府留下来的腐败和裙带关系等社会问题。

马上将军拿破仑是支持启蒙运动的。从他写的信中，我们可以看出他的魅力、幽默和坦率地进行自我评价的能力。他可能会发脾气，有时甚至会发狂，但通常都是事出有因。最重要的是，他不是极权主义者，他没有兴趣去控制民众生活的各个方面，当然如果那样做代价也是很大的。像当时欧洲大部分地区一样，拿破仑也采用了审查制度，使用秘密警察。他推行全民公决，让法国人民有了在政治上发声的机会，而在这之前，民意经常受政客操纵。

此外，还有生命的代价。法国大革命和拿破仑战争造成了大约300万军人和100万平民的死亡，其中140万是法国人。

尽管人们指控拿破仑是一个死不悔改的战争贩子，但反法同盟对他宣战的次数比他对他们宣战的次数要多。自从1792年他成为炮兵中尉以后，战争就没有停止过。他掌权后，英国人在1803年向他宣战，奥地利人在1805年入侵了他的盟友巴伐利亚，普鲁士人在1806年向他宣战，奥地利人在1809年向他宣战。1807年入侵葡萄牙和西班牙，以及1812年入侵俄国确实是拿破仑发起的，虽然俄国原本就计划在1812年攻打法国。

　　1813年的两次战役、1814年的战争和1815年的战争都是由他的敌人发起的。在所有这些战争开始之前，他都向对方提出了真诚的甚至是慷慨的和平提议。从1803年《亚眠和平协议》（那个协议结束了英法之间的战争）崩溃到1812年英法战争再次爆发，他至少向英国提出了四次真正的和平提议。考虑到他计划在1803—1805年入侵英国，我们可以理解，英国政府毫不留情地拒绝了他的提议。同样，奥地利、普鲁士和俄国也都有十分充足的动机想要消灭拿破仑政权。但是，指控他是那个时代唯一的战争贩子，甚至是头号战争贩子，是不公平的。

　　拿破仑的个性远比那些坚持把他与希特勒相提并论的人描述得优秀。他极富才智，这使得他与马库斯·奥雷留斯、伊丽莎白一世等都排在聪明的君主之列。歌德曾经说过，拿破仑"总是理智行事……他一直处在理智和清醒的状态"。拿破仑在幼时受到启蒙运动的影响，年轻时成为卢梭和伏尔泰理性主义的信徒，他认为欧洲正处于文艺复兴时期以来最重要的科学和文化发展的转折点。他与天文学家、化学家、数学家和生物学家通信，信中充满了他对他们研究工作的期待和尊重。他曾以法国启蒙运动总部成员的身份发表看法，能当选那个组织的成员，他非常自豪。

> 拿破仑认为，欧洲正处于文艺复兴以来最重要的科学和文化发展的高峰。

◀ 有一个关于法国大革命的寓言故事，主人公是让·雅克·卢梭的肖像。他的政治哲学极大地影响了法国的革命者，以及年轻的拿破仑。

充满活力，永不止息

拿破仑的成功来自他的勤奋，深刻的思考和前瞻性的计划，以及与生俱来的天赋。1809年3月，他对部长皮埃尔·路易斯·罗德勒说："我一直在努力，我会长久地沉思。你看到我能回答所有问题，处理各种事

> 拿破仑的成功来自他的勤奋，深刻的思考和前瞻性的计划，以及与生俱来的天赋。

◀ 拿破仑建立了两所高中，图中的荣誉勋位女校就是其中之一。这所学校专门接收最高奖励荣誉军团勋章获得者们留下的孤女。

务，那是因为在接手这些事之前，我已经考虑了很长时间，并且预料到了各种情况。我并不是在突然之间接受了神灵的指示，才知道接下来怎么说、怎么做。所有的这一切，都是我深思熟虑的结果。"

如果拿破仑表现出一丁点儿希特勒的残忍，那些不断背叛他的人，比如他的警察部长约瑟夫·福什和他的首席外交官查尔斯·佩里戈尔，他们早就死了。因政治问题被拿破仑处决的人，我们用一只手就可以数出来。这些事都说明，他与独裁者完全不同，独裁者可以因政治和种族的因素，处死数百万人。（我们并不是为拿破仑1799年3月在贾法屠杀4400名土耳其囚犯找借口。出于军事上的考虑，当时他必须下令处死这些人。而且根据当时的战争规则，他们破坏了假释约定，所以生命也就失去了保障。但那仍然是残酷的行径。）

拿破仑要处理很多事务，但他可以很好地安排统筹自己的生活，远比大多数政治家和领导人做得好。在考虑一件事的时候，他可以将其他事情都封闭起来，不受干扰。他脑子里不同的事情都是独立的，就像打开和关闭橱柜中的抽屉那样。大战前夕，助理们在营地里进进出出，向元帅传达他的命令，或把将军们送来的报告递交给他；而这时候，他还可以让人把自己建立某所学校的想法记下来。在攻占莫斯科后不久，他制定了管理法国歌剧院的条例。

最近出版了一本他的书信集，里面有他写的3.3万封信。掌权期间，他平均每天写15封信。这说明，对于追求活力、永无止息的拿破仑来说，帝国的所有细节都是很重要的。他曾训示一个部门的长官，让他不要带自己年轻的情妇去看歌剧；他曾训诫一位不起眼的乡村牧师，因为牧师在他生日那天讲道不好；他告诉一位下士，不要喝太多酒；他允许某个军团在军旗上缝了金色的"无与伦比"一词。他是历史上最无情的细节管理者之一，但是对细节的痴迷并没有阻止他从根本上改变欧洲的区划、法律、政治和文化格局。

拿破仑还很有幽默感，几乎在任何情况下都会开玩笑，包括战败的时候。他雄心勃勃，当他的雄心与他无与伦比的才华结为一体时，他表现出了非凡的精力、行政管理的天才、消化统计数据的非凡能力、几乎过目不忘的记忆力、对细节的惊人关注力，以及脑子里思绪万千却能互不干扰的思考能力。这样优秀的人，如果他的野心很小，那将是令人难以接受的，甚至是不科学的。

研究拿破仑的文章很多，人们关注他的宗教观点、他科西嘉人的身份、他对卢梭和伏尔泰的追随——实际上，在军事院校度过的岁月对他影响最大，而且他的大部分理念都与军事有关。1789年，他热情地接受了"法律面前人人平等"的革命原则、理性的政府、精英制度、高效和带有侵略性的民族主义，因为这些完全符合他对将来法国军队的设想。

相比之下，社会动荡、政治自由、新闻自由和议员制度都因为与军事道德背道而驰而让他难以接受。军校的教育让他对社会等级制度、法律和秩序、奖励功绩和勇气怀有敬意，他蔑视那些自私自利的政客们。

克服重重困难

拿破仑当然也有一些过分不当的行为，但他那位被废除荷兰国王之位的兄弟路易斯也承认："让我们来考虑一下拿破仑的处境。他必须克服重重困难，必须与无数内外敌人战斗，必须应对四面八方的陷阱。他要不断地紧张思考，不断地采取行动，异常疲劳。他要以热情的、虚心的态度快速消化各种批评。"

在拿破仑的传记中，作者常常用简单粗暴的方式把他描述成一个狂妄自大的人，将他与所谓的"拿破仑情结"联系在一起，最终的结论就是他罪有应得。这种古希腊戏剧式的陈词滥调，有时会给读者带来令人欣慰的心理暗示，那就是命运迟早会消灭所有的暴君。对于拿破仑的认识，我与其他历史学家完全不同。拿破仑最终失败，不是因为人格障碍，而是一些不可预见的状况和一些重大失误的综合作用。总的来说，那是一些更可信的、更人性化的史实，让人着迷。

拿破仑的一生，是对历史确定性分析的一种悍然叛逆，那种分析以巨大的客观力量来解释事件，并最大限度地减少了伟人在历史中的作用。在拿破仑向英军投降的"贝勒罗丰"号战舰上服役的乔治·霍姆中尉在回忆录中写道："他向我们展示了一个像我们这样的微小人物，在这么短的时间内可以完成的事业。"我们应该对这样的评论感到振奋，正因如此，他应该理所当然地被称为"伟大的拿破仑"。

安德鲁·罗伯茨（Andrew Roberts）是一位历史学家，其经典作品有《拿破仑大帝》（*Napoleon the Great*, Allen Lane, 2014）和《丘吉尔：与命运同行》（*Churchill: Walking with Destiny*, Allen Lane, 2018）。

第三篇

滑铁卢战役及战后

决定滑铁卢战役胜负的若干事件

　　决定战役胜负的十个关键时刻。

历史学家的评价

　　历史学家对滑铁卢战役及其影响的思考。

统筹全局的惠灵顿

　　这位杰出指挥官的成就主要体现在他的政治才能和他在战场上的辉煌胜利上。

流亡中的前皇帝

对于这位曾经的法国皇帝来说，最后的战斗是与在圣赫勒拿岛流亡时产生的孤独和沮丧抗争。

全球性的冲突

拿破仑战争中，他的对手都是庞大的欧洲帝国，战争引发的冲突在世界各个角落都有体现。

维也纳会议

拿破仑战败后，欧洲各国重新划分版图，这对欧洲大陆的未来有决定性的影响。

▲ 丹尼斯·丹顿的作品，表现了拿破仑的帝国卫队在滑铁卢战役中失利的场景。1815
年6月18日，法军与反法同盟之间再次爆发战争，最终的结果是，拿破仑的军人生涯
彻底结束了。

决定战役胜负的十个关键时刻

人力无法左右的天气、令人难以置信的勇敢、鼓励主动出击、错失战机——本文作者朱利安·汉弗莱斯（Julian Humphrys）总结了滑铁卢战役中一些决定胜负的关键因素。

1815年6月6日

拿破仑把最好的将军留在了后方

所有的指挥官都需要一名好的参谋长，以确保将其意图转化为明确的命令。当时，欧洲历史上最具决定性意义的战役迫在眉睫，但对拿破仑来说很不幸，他非常信任的参谋长贝尔蒂埃元帅已不在人世了。贝尔蒂埃曾宣誓效忠路易十八，拿破仑第一次流亡返回巴黎后，他从窗户边掉下来摔死了，所以拿破仑只能将参谋长的位置交给达武元帅。

达武是一位经验丰富的野战指挥官，但他并不是贝尔蒂埃。拿破仑的两个主要野战指挥官也远非理想人选。埃曼努尔·格鲁希缺少独立指挥的经验；米歇尔·内伊在从莫斯科撤退时统领后卫军，他骁勇善战，拿破仑称其为"最勇敢的勇士"，但1815年时，他显然已经筋疲力尽了。

更糟糕的是，拿破仑在6月6日命令他的军队在比利时边境集结时，让"铁元帅"路易斯·尼古拉·达武作为战争大臣留在巴黎。皇帝需要一个忠诚的人在大本营监督各项事务，但派最能干的将军去做这件事并不明智，因为，或许这位将军会改变战役的结局。

▼ 拿破仑犯了一个错误，他把自己最好的将军达武留在了法国。

1815年6月15日

康斯坦·吕贝克随机应变

1815年6月，拿破仑在比利时边境集结了12万名士兵。与他对阵的是布吕歇尔元帅统领的11.5万名普鲁士士兵和惠灵顿统领的约9.3万名英国士兵。面对这样的劣势，拿破仑想要获胜，最好是逐个击破，先集中力量打败一个，再解决另一个。6月15日，他的军队越过夏勒罗瓦的边境，直奔联军两支军队的中间地带。

▲ 幸运的是，吕贝克没有执行惠灵顿的命令。那个命令会将联军分割开来，这很危险。

惠灵顿措手不及，他说："拿破仑瞒骗了我。"由于不能确定拿破仑的真实意图，他只好命令自己的军队驻扎在距利尼的普鲁士阵地12英里以外的尼维尔附近。如果那样做，会将联军分割开来，这是非常危险的。但对惠灵顿而言，非常幸运的是，荷兰军队的参谋长康斯坦·吕贝克男爵看透了战场的形势。他无视惠灵顿的命令，派出一支军队占领了关键的夸特布拉斯十字路口，那个十字路口距离普鲁士人很近。

1815年6月16日

德隆贻误战机

6月16日进行了两次战斗。当内伊元帅迎击打算在夸特布拉斯附近集结的惠灵顿部时，拿破仑正率领法国主力部队在利尼攻击普鲁士人。由于布吕歇尔缺乏指挥经验，普鲁士人遭受了严重的打击。尽管如此，他们还是趁着法军发生大规模混乱的时候，基本有序地撤到了安全的地方。由于传令失误，德隆将军离开了在夸特布拉斯的内伊元帅，加入利尼的战斗，但他到达利尼后，又收到立即转回夸特布拉斯的命令。结果，德隆率领的这1.6万名法军，在战场上没有发挥任何作用。

▼ 拿破仑在利尼。法军发生了灾难性的混乱，使得 1.6 万名法军无意义地从一个战场转移到另一个战场，没有发挥丝毫作用。

1815年6月17日

与布吕歇尔保持联系

惠灵顿在夸特布拉斯击败了内伊，但是布吕歇尔的失利让英军的东部侧翼暴露在一支庞大的法国军队面前，他被迫向北部布鲁塞尔的方向撤退，普鲁士人也在撤退。通常，撤退的军队会走其他的路线，如果普鲁士人这样做，他们将向东转移，这样联军两支分队的距离会进一步拉大，而惠灵顿的压力也会增大。幸好普鲁士人没有那样做，他们也向北撤退，前往瓦夫尔。这一点非常重要，联军的两支分队始终保持着联系。6月17日，惠灵顿退到了圣让山的山脊上，他准备在那里坚守，等待普鲁士人前来增援。

1815年6月17日

天气也来凑热闹

开战前一天晚上，下了一场很大的雷阵雨。猛烈的雨水冲刷着地面，道路变成了泥潭，再加上众多人马的踩踏，战场一片泥泞。英军第51团的列兵惠勒写道："地上实在太湿了，无法躺下……水从夹克的袖口流下来……我们唯一感到安慰的是，敌人处在同样的困境中。"惠勒当然是对的，大雨给战争双方都带来了不便，尤其对普鲁士人而言，因为他们要在狭窄的车道上行军，以便尽快与惠灵顿汇合。

人们通常认为，拿破仑为了等地面变干而推迟了开战时间。其实，战斗延迟的主要原因可能是，他要等待自己的军队到达指定位置，因为一部分法军的宿营地离战场还有一段距离。滑铁卢战役中，拿破仑的火炮占有相当大的优势，但由于道路泥泞，火炮威力大减。炮弹通常会落在地面上，然后弹起来再击中敌人。然而现在，炮弹消失在潮湿的地里，并没有造成多少伤害。

1815年6月18日，上午11点30分
麦克唐纳关上了大门

　　6月18日，双方军队都准备投入战斗。惠灵顿的大部分兵力都在圣让山的后坡上，以躲避敌人的炮火。那个位置有三重保障：左边是一片农场，前面是拉海圣特农场，右边是霍高蒙特农舍。大约在上午11点30分，法国人开始进攻霍高蒙特农舍。随着战事的展开，法军投入了更多的兵力来争夺那个重要的农舍——他们差一点就成功了。在一个绰号为"粉碎机"的大个子军官的带领下，一群法国士兵绕到农舍的背后，强行打开了农舍的北门，并向里面冲去。

　　英军指挥官詹姆斯·麦克唐纳迅速采取行动。他聚集了一群士兵反攻，最后又把大门关上了，冲入农舍的法军基本被全歼，只有一个年轻的鼓手男孩幸免。整整一天，霍高蒙特农舍一直掌握在联军手中。惠灵顿后来说，关上那扇大门，决定了整个战役的结局。

　▶ 联军守住了霍高蒙特农舍，这对他们最终获得滑铁卢战役的胜利至关重要。

1815年6月18日下午1点30分

内伊进攻失利后迷路

德隆的步兵终于向惠灵顿的左翼发动进攻了。当法军到达山脊顶部时，遭遇了托马斯·皮克顿爵士率领的步兵师。皮克顿是一个满嘴脏话的威尔士人，他那天穿着便服，戴着圆边帽，最后在战场上被打死了。但他的士兵挡住了法国人，随后，惠灵顿的骑兵把法军赶了回去。

法国人又发动了新一轮的主力进攻。内伊派出骑兵发起一次大规模的正面冲击，数千名著名的拿破仑胸甲骑兵（戴着钢制胸甲，骑着高头大马的大个子骑兵）呐喊着向山上冲去。但是惠灵顿的步兵非常镇定，他们排成正方形阵列，阵列外侧是上了鞘的刺刀，这样骑兵就无法冲上来。内伊应该赶紧撤回骑兵，派步兵入阵。但他迷失了方向，让更多的骑兵投入了战斗。整整两个小时过去了，他仍未突破惠灵顿的防线，最终不得不放弃这没有效果的骑兵冲锋，而此时，普鲁士人进入了战场。

▲ 滑铁卢之战示意图。

1815年6月18日　下午4点30分
普鲁士人来了

　　布吕歇尔曾承诺向惠灵顿提供支援，他兑现了自己的诺言。拿破仑让格鲁希带领近三分之一的法军去阻止普鲁士人与惠灵顿汇合，但格鲁希失败了。下午晚些时候，第一批普鲁士军队到达战场，投入了战斗。大约在下午4点30分，他们对拿破仑阵线中央位置后方的重要村庄普朗斯纳发起了攻击，那场残酷的战斗持续了三个多小时。拿破仑只好派出后备力量来巩固自己的阵地，只留下很少的精锐面对惠灵顿。

▼ 1863 年的一幅画，画中普鲁士人在普朗斯纳对拿破仑的后方发动猛烈攻击，这大大减轻了惠灵顿的压力。

1815年6月18日 傍晚6点30分
战事胶着

晚上6点30分，法国人终于占领了拉海圣特农场，并向惠灵顿一方暴露出来的中心位置发动了猛烈攻击。英军伤亡惨重，但惠灵顿的防线依然没有被突破。

内伊要求增援，来巩固自己的优势，但拿破仑拒绝了。相反，他派遣军队夺回了刚刚落入普鲁士人手中的普朗斯纳。齐滕中将的普鲁士第一军团抵达了战场，他原本是要去增援惠灵顿的。但一名普鲁士参谋赶来传达了布吕歇尔的命令，让他们去普朗斯纳支援。齐滕接受了命令，军队准备开拔。此时，惠灵顿的普鲁士军队联络官冯·穆夫林男爵意识到，在山脊鏖战的惠灵顿更需要这支援军，于是他火速赶到，恳求齐滕不要听从新的命令，而是坚持原来的计划。于是，齐滕选择增援惠灵顿，接替了他左翼的防守，这样惠灵顿公爵就能调集军队来防卫他那即将溃散的中心。危机终于过去了。

▲ 法国的帝国卫队投入战斗时，惠灵顿公爵已准备就绪。

1815年6月18日 晚7点30分
拿破仑孤注一掷，最终惨败

法国人夺回了普朗斯纳，但此时战斗的最终结果基本已经确定了。大约在晚上7点30分，拿破仑派出了他的精锐帝国卫队，这是他争取胜利的最后一搏，但为时已晚。此时，法军在人数上已处于绝对劣势，惠灵顿也做好了反攻的准备。此前，惠灵顿所率军队一直在山脊后坡躲避法国人的炮火，当帝国卫队的两大纵队到达山脊顶部时，他终于命令卫兵起来迎战。一名卫兵这样描述战斗现场："可能是（我们）突然出现，也可能是我们对他们发起了猛烈进攻，从无败绩的帝国卫队突然停下来了。"

全面反攻开始了。第52轻步兵团的约翰·科尔本爵士进攻法国第一纵队的侧翼，恰塞将军则命令他率领的荷兰和比利时军队进攻另一侧翼。很快，这两个法国纵队就在致命的炮火下凋零了。他们的败退引起了法国军队的普遍恐慌，在"帝国卫队后撤了"的呼声中，在普鲁士人无情的追击下，法军开始溃逃。惠灵顿形容这是"一生中见过的最美妙的事情"——战斗终于结束了。

▲ 法国皇帝在滑铁卢战役中惨败。这是后来罗伯特·亚历山大·希林福德根据想象绘制的油画《拿破仑的退却》。

朱利安·汉弗莱斯（Julian Humphrys）在（英国）国家军队博物馆工作，现在是战地基金会的储备官员。

历史学家的裁定

1815年，惠灵顿在滑铁卢战役中取得了巨大胜利，这标志着拿破仑最终失败。一组历史学家对这场战役进行了分析总结，并探讨了它的重大影响。

杰里米·布莱克（Jeremy Black），埃克塞特大学历史系名誉教授

安德鲁·兰伯特（Andrew Lambert），伦敦国王学院的劳顿海军历史学教授

威廉·安东尼·海伊（William Anthony Hay），密西西比州立大学的历史学教授

艾伦·福雷斯特（Alan Forrest），约克大学近代史名誉教授

1815 年 6 月 18 日滑铁卢战役中的拿破仑，此战败北，彻底打碎了他重新称霸的希望。

从厄尔巴岛返回后，拿破仑的军事目标是什么？

艾伦·福雷斯特：尽管他在厄尔巴岛可使用的兵力资源微不足道，他推翻复辟政权（路易十八在拿破仑流亡期间已成为国王）的梦想似乎荒唐可笑，但拿破仑的目标仍是进军巴黎，并恢复他的帝国。他知道其他欧洲大国一定不会袖手旁观，但这一切对他几乎毫无影响。他返回巴黎时，一路都得到了支持，这无疑是19世纪最浪漫的故事之一。

安德鲁·兰伯特：拿破仑的目标是拿回他的皇帝宝座。如果可能的话，通过外交手段；如果外交不行，就使用武力。他试图先打击英国，以此来分裂反法同盟。当时比利时被英军占领，对安特卫普宝贵的海军基地的任何威胁，都必定会引起伦敦的反应。

欧洲大国是如何联合起来阻止拿破仑的？

艾伦·福雷斯特：欧洲几乎立即成立了一个新的针对拿破仑的同盟，战争又开始了。1793年之后，英国和奥地利几乎一直在与法国交战。尽管经过20多年战争，欧洲大国都已经非常疲倦，但几乎没有人对成立反法同盟提出异议。他们认为，拿破仑是对全球和平的威胁，必须阻止他。

为什么会把滑铁卢选为战场？

安德鲁·兰伯特：因为拿破仑正在向安特卫普进军，这对他的计划至关重要。惠灵顿必须在他到达安特卫普之前阻止他。

杰里米·布莱克：滑铁卢是布鲁塞尔的屏障。惠灵顿之所以选择在那里战斗，是因为普鲁士保证会提供支援。

战斗开始之前，哪一方获胜的机会更大些？

安德鲁·兰伯特：联军的实力更强大，但拿破仑应该可以集中力量，逐个击破。

艾伦·福雷斯特：他们是势均力敌的。惠灵顿有6.8万人，拿破仑有7.2万人。自1793年（与法国的战争开始）以来，英国陆军有了长足的发展，而且在半岛战争中获得了宝贵的战斗经验（法国在1808—1814年间曾在伊比利亚与英国、西班牙和葡萄牙军队作战）。尽管我们应该对拿破仑率领的每一支军队表示尊重，但这一次的法军并不如他鼎盛时期强大。这是一支匆忙召集的军队，许多人都是新兵。

惠灵顿说，滑铁卢之战是他"一生中见过的最美妙的事"。你认为这个说法真实性如何？

安德鲁·兰伯特：我认为这是真实的。惠灵顿出色的领导能力，以及联军步兵在多次猛烈的炮火攻击下表现出来的惊人承受能力，超越了以前所有对拿破仑的防御战，除了波罗底诺战役（1812年拿破仑入侵俄国时，法国与俄国之间的一次血腥战役）。

艾伦·福雷斯特：两军鏖战，各有获胜的机会，大多数时候，战争胜负难料。关于滑铁卢之战，惠灵顿的这个说法是有道理的。许多人，甚至是英国人，都在担心拿破仑会获胜（直到获胜的消息传到伦敦的那一刻，大家心头的大石才落地）。在极度紧张的气氛中传来获胜的消息，于是欢乐和庆祝骤然爆发。

> 两军鏖战，各有获胜的机会，大多数时候，战争胜负难料。

▲ 拿破仑在 1814 年 4 月被流放到厄尔巴岛，这是他临行前与帝国卫队告别。不到一年，他就逃离了厄尔巴岛，重返巴黎。

拿破仑因何失败?

艾伦·福雷斯特:惠灵顿的防御战术运用得很好,诱使法国人不断向前进攻,而且拿破仑犯了战术上的错误。法国人急需投入更多的兵力,但战场上一部分人在做无谓的转移。他们的战术也不灵活,过分依靠大兵团密集进攻。我们很难否认,格鲁希和内伊不如之前拿破仑手下的将领优秀,比如在耶拿(1806年)或奥斯特里茨(1805年)为拿破仑战斗过的将领。

杰里米·布莱克:拿破仑未能将对手们分割开来,逐个击破,而且在与惠灵顿对战时犯了大错。6月18日战役开始之时,是法国人最可能取胜的时机,但当时法军精锐还未就位。可以说,法国人在战斗开始前就犯了大错,比如那些在16—17日爆发的小冲突。决战当天,拿破仑未能很好地统筹全场,最初的攻击失败后,未能再次组织有效进攻。

▼ 弗朗西斯科·戈雅绘制的画像,画的是第一任惠灵顿公爵亚瑟·韦尔斯利,他在滑铁卢战役中展示了卓越的指挥能力。

滑铁卢战役中,惠灵顿的个人贡献有多大?

艾伦·福雷斯特:他对地形的运用

和防御部署都非常有效，很好地利用了圣让山脉的优势。对于这场战役，惠灵顿做了周密有效的部署，但我们也应该谨慎地下结论，不轻易判定他个人的作用，甚至说如果没有他，联军就不可能获胜。毕竟，这场战役没有惠灵顿会怎么样，我们只能推测，永远无法证实。

> 在决定战斗成败的关键时刻，惠灵顿展现了他的刚毅和超凡的指挥能力。

安德鲁·兰伯特：他的作用是至关重要的。只有像惠灵顿那样经验丰富的指挥官才会拟定有效的防御策略，让英军卧倒在反向坡地上，最大限度减少法军火炮轰击时的人员伤亡，保存有生力量。

杰里米·布莱克：惠灵顿在战场上身先士卒，而拿破仑没有。这样确实让他面临相当大的个人风险，而惠灵顿的坚定也令人印象深刻。他很好地利用了地形，这是关键，他对战机的把握和高超的战场指挥才能，对英军在滑铁卢的胜利极为重要。

这在多大程度上是联军而不是英国的胜利？

艾伦·福雷斯特：毫无疑问，无论英军扮演的角色多么重要，滑铁卢是联军的胜利。胜利在很大程度上要归功于布吕歇尔及时进入战场，普鲁士人发挥了重要作用。我们也不应忘记，联军中的荷兰军队和英军中的汉诺威选帝侯国德国军团也是这场战役中的重要角色。

威廉·安东尼·海伊：惠灵顿通过巧妙的运作，将滑铁卢表现为英国的胜利，然而扩大视野，我们可以看到普鲁士人在滑铁卢之战前后进行的战斗。惠灵顿这种玩弄政治的手段，让人想起了他为追求荣誉而贬低他人

▲ 滑铁卢战役五年之后的彩色雕刻画，英国的苏格兰军团缴获了法国的帝国之鹰军旗。

的做法。

除了个人原因，将滑铁卢塑造为英国人的胜利，而不是盎格鲁荷兰人或在普鲁士的帮助下同盟取得的胜利，这无疑增强了英国的外交威望。在那之前，其他大国一直担负着与拿破仑在中欧战场上较量的重任，英国则需要在海上和伊比利亚半岛对抗拿破仑。

在历史上的重大战役中，滑铁卢处于何种地位？

杰里米·布莱克：这是一场非常重要的战斗，也是一项伟大的成就。但我认为，这场战役的后果才是重中之重。

艾伦·福雷斯特：这场战斗在欧洲甚至世界范围内，结束了一场持续一代人的战争。仅凭这一条影响，它就具有重要的历史意义。这也是一次非常野蛮和激烈的冲突，双方都有很大的人员伤亡（联军伤亡2.4万人，法军伤亡3万人），一切都在很短的时间和很小的空间内发生。不管怎么说，它至少提升了英国的地位。

安德鲁·兰伯特：一场持续22年的战争，最后一场战斗总是令人难忘的，哪怕那只是一场没有多大动静的战斗。然而滑铁卢之战带有大战的一切特征，这是经验丰富的指挥官之间的决战，战役的结果干系重大。但是，即使拿破仑在滑铁卢战役中获胜，奥地利人和俄国人最终也会击败他的。

可以将滑铁卢视为拿破仑最惨重的失败吗？

安德鲁·兰伯特：不，最糟糕的是在莱比锡战役中失败（联军于1813年10月在萨克森州取得了决定性的胜利），这一点意义重大。滑铁卢之战结束了拿破仑短暂的复兴，但莱比锡战役终结了他的帝国。

威廉·安东尼·海伊：是的，就滑铁卢之战而言，它粉碎了拿破仑卷土重来的希望。莱比锡战役的失败也是非常关键的，但是当联军到达法国之后，拿破仑已经恢复了一些力量，而且在法国本土进行了卓有成效的防御。滑铁卢失败之后，拿破仑没能做到这一点。

从军事角度来看，拿破仑在其他战斗中的失误也许引发了更糟糕的后果，但失败后是否能恢复兵力，也会带来不同的结果。滑铁卢迫使拿破仑放弃了他的希望，也失去了他的地位。

艾伦·福雷斯特：一定程度上，滑铁卢之战导致他最终退位。但是这场战斗拿破仑并没有打得很烂。他可能不走运，计划中的增援没有及时就位；而联军方面，布吕歇尔的普鲁士军队却及时赶来增援。至于这是不是他最大的失败，我必须同意安德鲁的观点。在战斗规模和政治意义上来看，滑铁卢之战是无法与莱比锡之战相提并论的。

杰里米·布莱克：在我看来，拿破仑最惨烈的失败是一项战略性的失败，是他在1812年入侵俄国。

你认为滑铁卢之战最重要的后果是什么？

艾伦·福雷斯特：在政治领域中，这场战争粉碎了拿破仑的帝国梦，也让法国恢复了君主制。这平衡了欧洲的政治力量，英国受益匪浅，成就了英国维多利亚时代领先的工业国和帝国地位。滑铁卢之战也建立了英国陆军的自尊心和自豪感，因为英国过去习惯海上作战，很少在陆战中占据优势。

威廉·安东尼·海伊：惠灵顿的决定性胜利终结了拿破仑的"百日复兴"（他从厄尔巴岛返回巴黎，到滑铁卢之战后路易十八第二次复辟），惠灵顿公爵也顺势管理随后占领法国的政治斗争，维持一个稳定的和平。

英国首相利物浦伯爵私下表示，当时任何战争都会变成一场革命战争，欧洲需要时间恢复到常规状态，这样战争才不会导致社会剧变。惠灵顿在滑铁卢战役中获胜，就为欧洲赢得了这样一段时期。

后来，我们对这场战役的认知发生了哪些变化？

安德鲁·兰伯特：对具体的战争和双方战术的关注已经减弱，人们更在意它产生的影响。

艾伦·福雷斯特：战斗结束后，英国政府立即宣称，这是英国的伟大胜利。英国为惠灵顿和那场战役举行了公共庆祝活动并建立了纪念馆，给所有参战士兵颁发了滑铁卢奖章。在这件事上，惠灵顿显然操纵了舆论。但随着时间的流逝，人们逐渐意识到那场战役是同盟各国共同努力的结果。这既是普鲁士的胜利，也是英国的胜利。

今天，关于滑铁卢之战有什么新的发现？

艾伦·福雷斯特：这些年来，研究人员已经对这场战役中的战略战术进行了彻底剖析，历史学家现在在探讨不同的问题，那就是战斗中那些戏剧性时刻的有关细节。比如双方的士气和战争的动机、性别和男子气概、参战各国对那场战争的评价，以及它在国家身份认同中的对比作用。

杰里米·布莱克：我们要认真分析大战对英国和普鲁士的影响，以及法国政权崩溃得如此迅速的原因。

惠灵顿：将军和政客的完美结合

惠灵顿公爵以他的军事天才闻名，尤其是1815年在滑铁卢之战中的优异表现，更让他名声大振。但是，加里·谢菲尔德（Gary Sheffield）认为，这位出色的指挥官取得的成就，既得益于他卓越的军事才能，也得益于他的政治才干。

1815年6月18日夜幕降临时，第一任惠灵顿公爵亚瑟·韦尔斯利迎来了他军事生涯的巅峰。滑铁卢之战已经结束，拿破仑彻底失败了。

惠灵顿率领士兵顶住了法国人一次又一次的进攻，多次挺过危险时刻。战斗刚开始，法国就差点突破英国人的防线，法军的大规模骑兵冲锋让英军步兵方阵陷入困境，还丢失了重要的拉海圣特农场，但英军的火力也很猛，他们迅速反击，又将拿破仑的军队打了回去。

公爵显示出了高超的战场协调能力。他骑着马巡视战场，总能在正确的时刻、正确的地方，冷静地下达正确的命令。只有他急切地察看手中的怀表时，人们才能看出他实际上处于极度紧张的状态。后来，他回忆说，他在最前线下达命令，让英国军队击退拿破仑帝国卫队的最后进攻时，胜

▲　无论是在欧洲战场还是在其他战场上，第一任惠灵顿公爵亚瑟·韦尔斯利都是一位出色的军事家。人们总以为他擅长防守，实际上正如他 1812 年在西班牙萨拉曼卡的出色表现那样，他同样擅长进攻。

负还远未确定。

惠灵顿不仅拥有出色的战场指挥能力，他在战略、战术、情报和后勤保障方面也做得非常好，他甚至还是一位非常高明的政客。他可能是英国军队有史以来才华最全面的指挥官。

滑铁卢战役既是对他军事技能的考验，也是对他政治技能的考验。惠灵顿指挥的军队不只有英国人，还包括荷兰军队，以及汉诺威、拿骚、布伦瑞克的德国军团。实际上，英国士兵在其中属于少数。惠灵顿除了要把这些来自不同地方的联合军团组织在一起，还需

要与他的盟友普鲁士人合作。在滑铁卢战役中，
他最重要的任务是坚守阵地，直到普鲁士布吕歇
尔元帅的援兵到来。英国和普鲁士结盟纯粹出于
利益，就好像有人联姻是为了从婚姻中获利，而
非为了爱情。近期，一些历史学家指出，惠灵
顿对普鲁士人的一些行为很是不妥，但事实
上，双方当然都是以各自国家的利益为重，
惠灵顿和普鲁士一方的领导人都让这个同盟
发挥了它应有的作用。

▲ 惠灵顿公爵亚
瑟·韦尔斯利。

英国的将军不可以参政？

　　2006年，英国陆军最高负责人理查德·丹纳特爵士发表了一些有争
议的评论，他的评论被视为对布莱尔政府的批评（比如他说有必要从伊拉
克撤军，以便使陆军能集中精力进行阿富汗战争）。将军卷入政治并不新
鲜。高级官员缺乏政治才能，他的仕途通常不会登顶。而且在英国历史
上，很多将军同时也有出色的政治才能。第二次世界大战时期丘吉尔的高
级军事顾问、陆军元帅布鲁克就是一个典型的例子。

　　这是政治现实，但若公开谈论，情况就有些不同了。久而久之，竟有
了英国将军不参与政治的说法。惠灵顿曾在1837年提出"这是英国政府的一
项原则"，即军队的责任应当划分为军事职权和民事职权两部分，而像军队
薪酬那样的"政治事务"当属于民事职权。在这种双重控制的制度下，文职
秘书对议会负责，而军队总司令对国王负责。实际上，惠灵顿本人把军事

和政治事务结合在了一起。他非常清楚，普鲁士军事理论家卡尔·冯·克劳塞维茨（同时也是一名士兵）说得对，即"战争是政治通过另一种手段的延伸"。战争是与生俱来的政治活动，高级指挥官必须理解并参与政治。

这在表面和平时期和重大战争时期都是一样的。陆军将领、海军上将和空军元帅与政客、公务员、其他国家安全的官员以及盟军和政府的代表打交道，他们试图影响战略决策，争取自己的预算份额，并努力追求军功。有时，在民事行政权力缺失的情况下，他们会对平民行使真正的权力。所有的军队本质上都是政治组织，但与其他国家的军队不同，英国的高级指挥官通常会被限制参与政治活动，并承认那是一条不容跨越的界限，他们只能靠自身的名望发挥一些影响。

亚瑟·韦尔斯利出身于一个政治家庭（为方便起见，我们称他为惠灵顿。实际上他在1809年才被封为惠灵顿子爵，后来他不断升迁，1814年成为公爵）。他的哥哥理查德（即后来的第一任韦尔斯利侯爵）在1797—1805年担任印度总督，他在那里与惠灵顿和另一个后来成为能干外交官的兄弟亨利勋爵建立了强大的合作关系，尽管他们的合作有时候并不是那么和谐。亨利从1809年开始担任驻西班牙大使，之前那是理查德的职位，而理查德在1809年到1812年担任英国外交大臣。因此，惠灵顿在指挥西班牙战争的时候，得到了身居要职的兄弟们的支持。

惠灵顿对政治并不陌生。他在18世纪末担任过爱尔兰下议院的议员，从印度返回后，又在威斯敏斯特担任国会议员。1807年，他成为爱尔兰的首席部长，而且在这个职位上取得了一定的成就。所以，在半岛战争前夕，他既是一位经验丰富的政客，又是一名军人，他的家庭政治血统是一把双刃剑。他的从政履历有助于他在竞选时获得选票，但是韦尔斯利家族

一位军事统帅的故事

从平凡士兵成长为光芒四射的军事天才

小时候，惠灵顿没有表现出任何过人之处。他1769年出生于一个盎格鲁-爱尔兰贵族家庭，据称他小时候是一个"充满梦幻，懒散而害羞的小伙子"。他的母亲曾说，我"不知道该如何对待我那个笨拙的儿子亚瑟"，他"只需要用硝盐处理的食物"。军事生涯早期，他也没有多大建树。他的家庭有足够的钱财来疏通关节，使他快速晋升，从一个团调到另一个团。 1787年，他从苏格兰人的第73团少尉晋升为第76步兵团的中尉。后来第76团被派往东印度，惠灵顿又调到了第41步兵团。作为一个颇有背景的军官，他的家族为他提供了极大的便利。例如，他可以拿着双倍的少尉薪水任爱尔兰中尉白金汉勋爵的助手，而且还是特利姆地区家族席位的议员。一位历史学说："在不到五年的时间里，他曾在六个不同的团担任军官，但是他似乎未曾在其中的任何一个团服役。"

转折点出现在1793年。他要求基蒂·帕克纳姆出手支援，但是被拒绝了。这对他是一个打击，他似乎开始认真思考如何成为一名够格的士兵。 那年爆发了英国与法国的战争，韦斯利中校（那是当时他名字的拼写）带领他的第33步兵团参战。 这是征途的第一步，后来，他成为公爵，成为陆军元帅，成为历史上著名军事家的一员。

▲ 未来的惠灵顿公爵。他当时大约26岁，在第33团服役，是一名中校。

▲ 在印度，惠灵顿学会了如何做一名指挥官。此图表现的是 1803 年在阿赛耶取得的胜利。 到 1805 年，他已经是一位具备政治素养和军事技能的经验丰富的将军了。

在取得政治上显赫地位的过程中，也无可避免地招致了一些敌人。

惠灵顿的从政经历始于他在印度担任高级指挥官。当时，他除了要处理常规战事和对抗土匪游击武装，还担任塞林伽巴丹的州长，要与他的兄弟理查德一起谋划英国对印度的统治策略，或者承担一些外交工作。

在印度的经历让惠灵顿获得了一

些宝贵的经验，他深刻体会到良好的情报
搜集对军事行动的重要性，他对印度间谍
带来的信息尤其在意。后勤保障方面，他
也做得非常出色，对军需供应有完美的控
制，这也是惠灵顿指挥方面的一个标志。

> 对军需供应有完美的
> 控制，这也是惠灵顿指
> 挥方面的一个标志。

在他的计算中，看似不起眼的牛车起着重要的作用，他在后来的半岛战争
中也是这样做的。他曾写道："（在印度的）军事行动的成功，取决于
物资供应……要获得胜利，你必须做好后勤保障。"

　　惠灵顿对政治活动的重要性有非常透彻的理解，他同时也把政治才能
用到了军事指挥中。他认识到，必须避免与当地人民对抗，需要跟他们合
作，至少要防止农民因怨恨而开展游击战。在印度是这样，在西班牙也是
如此。同样地，艰难地与印度盟友一起作战的经历，为他十年后与西班牙
当局一起合作提供了很好的参考经验。

从严峻现实中锤炼出来的智慧

　　惠灵顿深刻地知道，在多国军队联合作战时，要妥善处理与盟友的关
系，这样才能打胜仗。1799年，惠灵顿最初指挥的11个营中，只有1个营是
英军，6个营是英国东印度公司送来的印度士兵，还有4个营来自与英国交
好的印度海得拉巴王国。这些盟友还提供了补给品，以及那些发挥了重要
作用的拉车的公牛。 1804年，他的兄弟理查德总督拒绝履行惠灵顿与马拉
塔酋长辛辛迪亚达成的部分协议，他坦诚且尖锐地写道："我宁可牺牲十
倍于放弃瓜廖尔（辛辛迪亚的首都）……的代价来维护我们的信誉，我们

一丝不苟的真诚……是什么让我在战争中克服那么多困难，可以进行那么多次谈判谋取和平？除了英国的真诚，别无其他。"

拿破仑嘲笑惠灵顿是 "印度兵将军"，意思是在印度打过仗并不见得能在欧洲指挥战役。实际上，惠灵顿在印度战场上的历练，为他在伊比利亚半岛和滑铁卢出色的指挥做了充分的准备。惠灵顿成功地对葡萄牙政府施加了巨大的影响。英国将军威廉·贝雷斯福德被任命为葡萄牙军队的最高指挥官，葡萄牙军队经过重组和训练之后，与英国军队并肩战斗。提高税赋之后，惠灵顿在1810—1811年对抗法军时实施了焦土战略，用一位历史学家的话来说，那对当地"造成了巨大的社会和经济灾难"。毫无疑问，惠灵顿不得不在他的兄弟、外交大臣理查德的支持下，投入大量精力来安抚葡萄牙摄政委员会。

惠灵顿与西班牙盟友的合作并没有那么顺畅。他在1809年的塔拉韦拉战役中与年长且固执的库埃斯塔将军合作，这是对他的智慧和耐心，以及两人关系最大限度的考验。惠灵顿对西班牙人的印象分大跌，因为他们未能履行先前的诺言，没有为英军"提供所有必需的物品"。

尽管塔拉韦拉战役胜利了，但因为物资短缺和对盟友幻想的破灭，惠灵顿率军撤回了葡萄牙，然而英军与西班牙军队的合作并没有终止。1812年，在萨拉曼卡获胜并占领马德里之后，惠灵顿被任命为西班牙陆军总司令。

这一举动表明，西班牙承认了统一指挥的重要性，而且他们希望能迫使惠灵顿对西班牙议会负责。但是惠灵顿在新的职位上表现平平。他对自由派占统治地位的西班牙议会的"暴力和民主原则"持反对态度，而西班牙议会自然也对这个超然而苛刻的外国将军感到厌恶，并保持怀疑。尽管如此，双方还是都尽量维持这段合作关系。虽然惠灵顿在英国高层有很多朋友（和亲戚），但这并不意味着他没有政治上的麻烦。塔拉韦拉战役之后，格雷伯爵攻击惠灵顿"能力和技能匮乏"。 1811年，国王乔治三世失去理智，人们普遍认为摄政王会任命格雷来主持辉格党的内阁，而这样几乎意味着英国会调回惠灵顿，结束在葡萄牙的反法斗争。当然，后来的事实证明，人们的推测是错误的。

政治游戏

实际上，惠灵顿经常抱怨得不到政府的支持。1812年，在付出惨重代价占领巴达霍斯堡垒之后，他说，如果能派给他一支训练有素的专业攻城小队，那"巨大的损失本来是可以避免的"。不管怎么说，他仍然要小心翼翼地维持与政治人物的关系。

尽管他有各种各样的问题，但惠灵顿在1808—1814年之间进行的一系列战役，仍然奠定了他历史上著名将领的地位。他才能卓越，是一位出色的战术家和战略家，对后勤供应和情报有很好的掌握。他是无情的，但运气很好。

他在军事上取得的成就，离不开他的政治才能，因为这样可以让他很好地处理与上级和盟友的关系，而且对可能出现的各种状况具有敏锐的感觉。

一些高级军官玩弄政治把戏，是因为他们必须那样做。但惠灵顿不一样，在战士的外表

> 惠灵顿是一位出色的战术家和战略家，对后勤供应和情报有很好的掌握。他是无情的，但运气很好。

下，他实际上是一个政客。

他离开军队之后，进入政坛，没有一个人感到惊讶。惠灵顿在政治上也颇有建树，当过军械总司令（内阁中的一个军事职位）和陆军总司令，1828—1830年还担任英国首相。他的政治观念比较保守，在英国政治舞台上活跃了30多年。虽然他不同意这样的提法，但人们普遍认为，惠灵顿公爵是一位典型的政治将领。

▲ 惠灵顿在政坛活跃了很长时间，还当过首相。尽管他在大多数方面都很保守，但他的政府在1829年通过了一项改革，允许天主教徒在议会中占有席位。

惠灵顿在政坛活跃了很长时间。尽管他在大多数方面都很保守，但他的政府在1829年通过了一项改革，允许天主教徒在议会中占有席位。

加里·谢菲尔德（Gary Sheffield），伍尔弗汉普顿大学研究战争史的教授，著有《惠灵顿》（*Wellington*, The History Press, 2017）。

被流放的皇帝

他曾经从流放的岛上逃离，但这次放逐是永久的。 本文作者朱利安·汉弗莱斯（Julian Humphrys）写道，在茫茫大西洋上，没落的法国皇帝度过了人生中的最后一段时间，这是一场与以往不同的战斗。

圣赫勒拿岛距英格兰4500英里，距西非1200英里，它是"距离世界上任何地方都非常遥远"的岛屿。所以，1815年拿破仑·波拿巴从法国皇帝宝座上退位并投降后，英国政府发现，圣赫勒拿岛似乎是流放拿破仑的理想之地。

这是拿破仑第二次退位。1814年4月6日，他第一次退位。当时，反法同盟攻陷了巴黎，惠灵顿公爵越过比利牛斯山脉进入法国南部，拿破仑的元帅们不想再战斗了。

获胜的联军对战败皇帝的处置相对来说比较宽容。他们把他送去了托斯卡纳外海6英里处，位于地中海的厄尔巴岛，甚至允许他带走一支主要从他的帝国卫队里抽调出来的小规模军队。拿破仑一如既往地精力充沛，忙着改善岛上的基础设施，不过他始终密切关注着欧洲大陆的形势。当意识到复辟的波旁王朝越来越不受欢迎后，他决定赌上一把。

欢迎回到法国

1815年3月1日，他带着一支小分队离开了厄尔巴岛，在法国昂蒂布附近登陆。他向北行进途中，派来拦截他的军队陆续归顺到他的麾下，拿破仑于3月20日回到巴黎的杜伊勒里宫，路易十八匆忙逃离了。

欧洲国家再次开始动员起来，但拿破仑先发制人。在现在的比利时境内，他向惠灵顿指挥的联军和布吕歇尔指挥的普鲁士军队发起了进攻。起初，拿破仑一路高歌猛进，但6月18日，他在滑铁卢惨败。四天后，他第二次退位。

拿破仑原本计划逃到美国。他前往法国西海岸的罗什福尔，希望能在那里找到一艘护卫舰，助他渡过大西洋。但是这条路线有一个重大障碍，英国海军的"贝勒罗丰"号封锁了港口，这艘船有74门大炮，而且在英法战争中久经历练。

眼下，拿破仑面临生命危险。毫无疑问，如果他落入法国君主或普鲁士人手中，那他一定会被处决。他和他的顾问意识到，向英国投

▼ 拿破仑逃离厄尔巴岛后，路易十八派军队去追捕他。然而，事实非常讽刺，派去的军队反而归顺于他。

降是他唯一的选择。拿破仑在给未来的乔治四世
（当时是摄政王）的信中称，英国是他的敌人中
"最强大、最恒久，也最慷慨"的国家。

　　7月15日（星期六）上午，拿破仑登上"贝
勒罗丰"号，向舰长弗雷德里克·梅特兰投降。
当这艘舰船启程前往英格兰时，英国政府已经确
定了如何处置他们的高级囚犯。拿破仑显然希
望能在英国找到一个住处，以度过他的余生。
他声称那是梅特兰答应他的，但舰长本人坚决予
以否认。

　　英国政府不可能允许这样一个危险人物生活

▼ 拿破仑的将军们惊愕地
看着他准备向英国投降，并
希望在那里寻得政治庇护。

在他们中间。他们需要一个安全的地方，一个遥远的地方。最终，他们选择了大西洋中的圣赫勒拿岛。首相利物浦勋爵写道，那是"世界上最适合监禁那一类人的地方"，并补充说"船只能在一个地方……停泊，而我们有能力让所有中立国的船都不能靠近"。他自信地认为："在这样一个地方，这么远的距离，不可能再有什么阴谋活动了。而且，由于与欧洲相距甚远，（拿破仑）会很快被人们所遗忘。"关于最后一点，他大错特错。

7月24日，"贝勒罗丰"号在英国德文郡的托贝停泊。拿破仑在舰上的消息走漏了，很快，这艘老旧的军舰被数百艘小船包围起来，所有的船上都挤满了人，所有人都拼命往前挤，想看一眼那退位的皇帝。

两天后，"贝勒罗丰"号到达普利茅斯，也出现了类似的场面。在这里，拿破仑知道了他最终的去处，他很愤怒。8月7日，拿破仑和26名同伴登上了"诺森伯兰"号舰船，他们开始向南航行。更多的人想和他一起去，但英国人担心这样会让拿破仑在岛上建立一个殖民地，于是限制了随从人数。

> 拿破仑显然希望能在英国找到一个住处，以度过余生。他坚称那是英国人对他许下的承诺。

10月14日，他们才看到圣赫勒拿岛的黑色火山岩悬崖。可以想见，拿破仑并不喜欢这个地方，他说如果当年留在埃及，他眼下的境遇可能更好些。三天后，他和随行人员下船前往岛上主要的居民区詹姆斯敦。此时，他的住所长木庄园还未准备好，于是在诺森伯兰郡的木匠忙于修理住所时，拿破仑在"布拉尔斯"度过了七个星期。那是詹姆斯敦附近的一处平房，是东印度公司一名官员威廉·巴尔科姆的住所。他住在那里的时候，与巴尔科姆14岁的女儿贝齐建立了亲密的友情。

▲ 与厄尔巴岛相比，圣赫勒拿岛是完全不同的。之前，他逃离了厄尔巴岛，但在圣赫勒拿岛，一直有人看守拿破仑。

长木庄园

　　1815年12月10日，他终于搬进了长木庄园。尽管他曾多次提出强烈抗议，但他余生依然要住在这里。长木庄园是一座高大但散乱的单层建筑，位于高地上的熔岩荒野之中，周围是不知名的死木平原上的矮树丛。

　　虽然不能与欧洲的宫殿相比，但按圣赫勒拿岛的标准来衡量，长木庄园还是很宽敞的。它可以容纳拿破仑所有的随行人员，还有台球室、沙龙室、图书馆和餐厅。但另一方面，它的地理位置使得拿破仑无法像较低处的詹姆斯敦居民那样，享受宜人的气候。那是一个劲风直吹的地方，经常被云雾笼罩，而且非常潮湿。

　　虽然生活条件不怎么好，但拿破仑还是看到了一丝

▼ "贝勒罗丰"号抵达英国，这位前法国皇帝的到来引起了一阵轰动。

逃离小岛的机会。他声称，恶劣的气候环境损害了他的健康。这项申辩得到了他的医生巴里·奥米拉的支持，巴里·奥米拉仍然沉醉于拿破仑的魅力，一直到拿破仑去世，他都是前皇帝的忠实信徒。同时，拿破仑的拥护者发出的信件和传单也横扫了整个欧洲。他们抱怨不健康的环境、不必要的限制、人身侮辱和供给不良，并将一切责任直接推到1816年4月到达圣赫勒拿的新长官哈德森·洛爵士的身上。

哈德森与拿破仑的第一次会面很糟糕。尽管他们两人的住所仅相距3英里，但在哈德森到达圣赫勒拿岛的前4个月里，他们只见过6次面，然后就再也不见彼此了。据说，哈德森是一个呆板的人，严格遵守纪律。但在那些火花四溅的会面中，即使拿破仑指责他像一个职员而不是战士，他仍能克制自己的情绪。

拿破仑的指责不仅是一种挑衅，而且背离了事实。哈德森·洛参与过环地中海地区的军事行动，大部分时间里，他带领的是一支由反法的科西嘉人组成的军队。在1813年的莱比锡战役中，他担任英国的高级指挥官，并且在1814年，是他第一个将拿破仑退位的消息带回英国。约翰·摩尔将军对他表示了高度赞赏，曾说："只要洛在前方哨所，我晚上就能睡个好觉。"惠灵顿对他的印象却不怎么好，称他是"一个该死的老傻瓜"。

作为一名战士，哈德森·洛似乎勤奋可靠有余，但机智灵活不足，而这正是看守拿破仑这项工作所需要的。除了他这样的人，还有其他高级军官愿意做这件事吗？正如巴瑟斯特勋爵在给惠灵顿公爵的信中所写的那样，他不相信他们"能在军队中找到一个比他更适合的人，愿意接受这样的工作环境——如此封闭，负有如此重大的责任，几乎完全排斥在社会活动之外"。

四位门生

流放生活中，最接近拿破仑的四位门生

亨利·加蒂安·伯特兰

他是一位才能卓越的将军，也是拿破仑的忠实随从。他的妻子听说自己要和丈夫一起陪同退位的皇帝前往圣赫勒拿岛时，她歇斯底里地发作了，试图从船上跳进海里。他一直陪在拿破仑身边，直到他去世。他也是1840年被派去寻回拿破仑遗体的探险队成员之一。

查尔斯·特里斯坦·蒙特霍隆

他是一位将军，也是一位外交官。据说他的妻子阿尔宾是拿破仑在圣赫勒拿岛的情人。她在1818年离开了圣赫勒拿岛，但蒙特霍隆还留在岛上陪着拿破仑，直到拿破仑去世。

伊曼纽尔·拉斯凯斯伯爵

他曾是保皇党人，后来成了拿破仑的管家。他在谈话时记下了大量的笔记，后来整理成《圣赫勒拿岛回忆录》一书。1816年11月，他因私传信件被驱逐出圣赫勒拿岛。

加斯帕德·古尔高德

他是一位英勇善战的军人，1814年曾在法国的布赖恩救过拿破仑的命。他坚持要在圣赫勒拿岛陪伴拿破仑，但脾气暴躁，跟其他人的关系不太好。1818年，他获准离岛。

▲ 英国的敌人中，拿破仑并不是唯一一个被流放到圣赫勒拿岛的。后来，这个小岛还接受过布尔战争的俘虏，比如指挥官皮耶特·克罗涅。

▲ 对拿破仑来说，长木庄园并不是一个快乐的地方，他说那儿既潮湿又寒冷。

圣赫勒拿发生了谋杀？

拿破仑去世后，有传言说他是被毒死的

拿破仑是在1821年被谋杀的吗？参与尸检的医生当然不那么认为。他们认为，拿破仑死于胃癌。

然而自1818年以来，一直有传言说，拿破仑身处阴谋诡计之中。担任过拿破仑医生的皇家海军外科医生巴里·奥米拉曾隐晦地说过，哈德森·洛爵士曾让他结束拿破仑的生命。英国当局对奥米拉医生的说法不以为然，最后还撤销了他的职务。但拿破仑可能是被谋杀的这种说法，一直存在。

事情在20世纪60年代有了分晓。人们化验了拿破仑的一束头发，发现他体内砷的含量很高，一些人据此认为，英国政府对拿破仑下了毒。还有一些人虽然赞同拿破仑死于砷中毒，但认为这很可能出于偶然。对长木庄园的墙纸进行分析后发现，墙纸使用了含砷的染料，那种染料霉变后会产生有毒的烟雾。后来，研究人员检测了一些拿破仑同时代人的头发，发现按照现代标准，这些样品中砷含量都高得异常，因为当时砷被广泛用于油漆、挂毯、药品，甚至用于保存食品。

对拿破仑死于砷中毒这种说法的最后一击发生在2008年。那年，一组意大利科学家分析了保存在博物馆中的拿破仑的头发样品，这些样品是在拿破仑一生中的不同时期取下来的（包括他还是孩子的时候）。他们发现，所有头发样品中，砷的含量都是一样的。几乎可以肯定，医生们一直都是正确的。

放大镜下的生活

　　拿破仑在圣赫勒拿岛的生活受到一大堆规则的约束，所有这些规则都是由哈德森·洛监管执行的。他不能看报纸，晚上有宵禁，一整天都被监视着，并且有大批卫兵看守他。长木庄园周围，白天有125名士兵，晚上有72名。他实际上是被软禁在这里。

　　很多人认为是哈德森·洛搞出了那么多的规则。实际上，哈德森·洛只是在执行伦敦发给他的具体指示。拿破仑曾经从流放之地逃离，因此英国人不会再给他任何机会。哈德森·洛只是去执行这项任务，他是按照来信指示做的。

　　在圣赫勒拿的头几年，拿破仑经常散步、骑马，并且花了大量时间回忆过去，还让随从把他口述的回忆录记下来。但随着时间的流逝，几个月变成了几年，孤独和无聊逐渐让人意气消沉，拿破仑的心情越来越低落，整个人毫无生气。他每天花大量时间独自一人躺在床上。1820年，他患了重病，腹痛、恶心、发烧，还患有便秘和腹泻，他的牙龈、嘴唇和指甲都没有血色。有一阵子，他以为自己被人下了毒，但后来发现，他应该是得了癌症，他父亲也死于这种病。即使这样，他仍然有时间对英国人，特别是对哈德森·洛，进行最后一次责难。

> 随着时间的流逝，孤独和无聊逐渐让人意气消沉，拿破仑的心情越来越低落，整个人毫无生气。

　　1821年4月，他口述了遗愿和遗嘱，说：“我死得太早了。我是被英国的寡头统治者和他们雇用的凶手杀害的。”尽管一些阴谋论家从字面上来解释这句话，但拿破仑真实的意思可能是说，英国人不允许他从居住条件差的长木庄园搬出来，这加速了他的死亡。5月4日，他陷入昏迷。第二天，在随从的陪伴下，他去世了。

拿破仑在遗嘱中要求将他的遗体葬在"塞纳河畔，在我深爱的法国人民的怀抱之中"。但当时，复辟的波旁王朝或英国当局是不会同意他们的宿敌在巴黎建立一个圣地的。最终，拿破仑被葬在圣赫勒拿岛上。

下葬时，拿破仑穿着他生前最喜欢的猎骑兵上校制服。他的棺材上盖着天鹅绒，当12名英国掷弹兵抬着棺材走向宁静的天竺葵山谷时，全世界都在关注着。

现在，还有一场仗要打，那就是他的姓名。法国人只想在墓碑上刻他的名字"拿破仑"，而不愿承认法兰西帝国合法地位的英国人坚持用他的全名"拿破仑·波拿巴"，双方都不愿让步。在1840年他的遗体移回法国之前，这个欧洲最著名的人，在一个没有墓碑的坟墓中躺了近20年。

▲ 拿破仑讨厌长木庄园。1821 年，他在长木庄园的这张床上去世。

朱利安·汉弗莱斯（Julian Humphrys），美国国家陆军博物馆工作人员，兼战地基金会的储备官员。

拿破仑战争是一场世界性的战争

尽管交战双方都是欧洲人，但它们是两个世界性的大帝国，因此拿破仑战争并不局限于欧洲，而是发生在世界各地。本文作者迈克尔·拉普波特（Michael Rapport）为我们揭示了战争对整个世界的深远影响。

拿破仑战争是一场全球性的战争。尽管它是一场发生在18世纪的帝国战争，但从某种意义上讲，20世纪的两次世界大战，也受到了它的影响。可以说，拿破仑战争是早期现代帝国的典型冲突。参战双方都是欧洲大国，海上大帝国的英国、法国、荷兰、西班牙和葡萄牙，这些国家让战火烧遍了全球。当然，近代以来欧洲范围内的战争，无论是发生在欧洲本土还是发生在海外，都得到了历史学家的充分关注。关于拿破仑战争，早就有人从全球角度来探讨它的经过和重要影响。

拿破仑在1798年入侵埃及，是与中东和奥斯曼帝国的政治和文化息息相关的。当法国和英国在印度的竞争激化以后，印度各方势力都有自身的优劣，也有自己的目标，这就使得冲突进一步加剧。拉丁美洲的独立战争始于1810年，是由拿破仑战争引发的，但独立战争的后续进展主要取决于当地情况。1812年，在北美发生的战争可能让美国和加拿大获益，但还涉及美洲原住民，他们的动机与欧洲人的动机是大不相同的。

换句话说，欧洲战争之所以影响全球，是因为它与世界各地的长期竞争和冲突交织在了一起，这一点我们会在下文详细讨论。

中东地区

拿破仑时代的大国政治扩展到了埃及和其他地区

奥斯曼帝国苏丹塞利姆三世的秘书艾哈迈德·埃芬迪曾在1792年1月写道："愿神让法国的动乱像梅毒一样传播到帝国的敌人那里去……"他的祈祷似乎得到了回应，法国革命战争席卷了欧洲大部分地区，土耳其却可以置身其外，享受和平。

情况在1798年7月发生了变化。拿破仑率领的一支法国军队侵入了埃及（当时埃及是奥斯曼帝国的一部分），在金字塔战役中，法军击败了著名的马穆鲁克骑兵并占领了开罗。这次战役使土耳其卷入了反对法国革命的战争。此后，在欧洲国家争夺世界霸权的战争中，中东就没有缺席过，总是被卷入其中。

8月，纳尔逊的舰队在埃及海岸的阿布基尔湾击败了法国舰队，法军与欧洲的联系被切断了。1799年2月，拿破仑试图重新打通与欧洲的交通线，于是他入侵了巴勒斯坦和叙利亚，以阻止土耳其的反击。在英国陆军和海军的支持下，土耳其人在阿卡经过浴血奋战，挡住了拿破仑。法国军队十分疲惫，而且饱受瘟疫的折磨，最后只得撤回埃及。拿破仑在那年8月悄无声息地溜回了法国，并在11月的政变中夺取了政权，被他抛下的法国军队仍在坚持战斗。1801年6月，土耳其和英国联合远征军（其中部分是协

▲ 1798 年，拿破仑入侵埃及，埃及当时属于庞大的奥斯曼帝国，在位的苏丹是塞利姆三世。英国人对此极为震惊，因为这直接威胁到英国人去自己在印度的殖民地的路线。

助的印度军队）重新占领了开罗。

法国入侵埃及，让英国人大吃一惊，因为这直接威胁到英国对印度殖民地的控制。此后，拿破仑战争席卷的国家越来越多，法国、英国、俄国和奥地利都在争取各自的战略利益，奥斯曼帝国也被卷入了战争。1806年，塞利姆三世屈服于法国的压力，为法国海军向黑海进军提供支持，英军则在达达尼尔海峡和埃及对土耳其人发动了进攻，但都失败了。

▲ 在法国的压力下，苏丹塞利姆三世被迫支持法国海军进入黑海。

此时，俄国人正在土耳其人的地盘上扩张，进入巴尔干半岛和高加索地区，直到拿破仑入侵俄国前夕，俄国和土耳其的战争才停止。1812年5月，两个国家签订和平协议。土耳其的邻国波斯帝国，是俄国人、法国人和英国人的外交战场，因为这三个欧洲大国都在那里争夺自己的利益。俄国人要向南扩展自己的帝国，法国人要震慑另外两个国家，英国人则要确保印度的安全。

中东的重要性还体现在文化方面。拿破

仑入侵埃及时，带来了一批学者，这些学者为现代埃及的历史研究奠定了
基础。学者们发现了能够解密象形文字的罗塞塔石碑，这些资料后来编成
了著名的《埃及方志》，它们记录了埃及过去和现在的各个方面。

欧洲帝国将埃及过去的辉煌与当下的没落做对比，让埃及看起来与
西方世界格格不入，埃及在倒退。于是这就成了欧洲帝国主义侵略扩张
的理由。

亚洲

在帝国的战争中，欧洲人在亚洲获取了巨大的利益

随着欧洲交战国之间战事的扩大，拿破仑战争蔓延到了亚洲。

最重要的战场是印度。在那里，法英之间的长期斗争与莫卧儿帝国的
危机交织在一起。17世纪末以来，莫卧
儿帝国逐步瓦解，各王国之间的对抗颇
为激烈。其中，尊奉印度教的马拉塔帝
国、海得拉巴王国和迈索尔王国是势力
最为强大的。

> 在印度，法英之间的
> 长期斗争与莫卧儿帝
> 国的危机交织在一起。

英国东印度公司掌握了大片土地，包括孟加拉（总督设在加尔各
答）、孟买和金奈，它拥有自己的武装力量和税收权，实际上就是一个独
立的国家。法国人虽然在七年战争（1756—1763年）中遭受重创，但仍拥
有五个主要的通商口岸，其中最重要的是朋迪榭里。这是他们在印度的立
足点。

两个欧洲大国都严重依赖其印度盟友，他们与印度签订了附属条约，

▲ 英国和印度军队冲进塞林伽巴丹堡垒时的情景。在那场战斗中，法国的盟友迈索尔
的蒂普苏丹被杀死。

扶持代理人，以保证自己在印度的利益。在南亚，英国的军事和政治势力逐渐扩大，而拿破仑战争为英国提供了全面征服印度的机会。

法国在1798年入侵埃及，似乎对印度构成了直接威胁，因为拥有强大军事力量的南部迈索尔王国国王蒂普已经与法国结盟。1799年5月，英军和印度军队冲进塞林伽巴丹的城堡，杀死有"迈索尔虎"之称的蒂普，吞并了迈索尔王国。

英国和印度军队出兵的借口是那里有一小队法国士兵，而真正的原因是迈索尔王国所展现出来的强大武装力量。在1803—1805年的盎格鲁–马拉塔战争中，后来的惠灵顿公爵亚瑟·韦尔斯利赢得了阿瑟耶之战（1803年），这是滑铁卢战役之前他参加的最血腥的战斗。1804年7月，英国对马拉塔王子霍尔卡发动进攻，结果惨败；1805年2月对强大的巴拉特普尔堡垒的围攻也被击退了。失败后，英国东印度公司被迫与马拉塔人达成和约，后者直到1818年战败后才臣服于英国。

但是，英国人确实保证了英国和亚洲之间运输路线的畅通。1806年1月，他们从法国的盟友荷兰人手中夺取了非洲好望角殖民地的控制权。1810年，他们先占领了波旁岛（今留尼汪岛），然后占领了毛里求斯，部分原因是驱逐袭击印度洋上英国船只的法国武装民船。1811年，英国人还占领了荷兰人控制的利润丰厚的印度尼西亚香料岛，其中包括爪哇岛。

不管怎么说，亚洲抵抗欧洲侵略的决心和能力仍然是很强大的。1793年，中国乾隆皇帝拒绝了想要在中国寻求贸易特权的英国使团。1805年，日本幕府驳回了尼古拉·雷扎诺夫的提议，他试图让日本开放对沙皇俄国的贸易。在欧洲帝国有能力将自己的意志强加于亚洲各国之前，工业革命和军事装备的进步，已经拉大了欧洲和亚洲的差距。

北美洲

欧洲大国的冲突引发了美国的战争

1805年12月3日,威廉·克拉克在美洲太平洋海岸边的一棵树上刻下了他的名字和"1804—1805年,经美国陆路来到这里"的字样。克拉克与梅里韦瑟·刘易斯共同率领一支受命于美国总统杰斐逊的探险队,他们在1804年5月出发,任务是探索美国在1803年从法国手中收购的密西西比河以西的路易斯安那地区。

法国因与西班牙结盟而获得了这一片巨大的、漏斗形的土地(从密西西比三角洲向北延伸到加拿大,中间最宽阔的地方直至蒙大拿州的西部边界)。拿破仑最初的计划是开发那个地区,以便为法国在加勒比海的奴隶种植园提供食物和原材料。

然而,1791年,法国在加勒比海的瑰宝圣多明各爆发了黑人奴隶起义。起义的原因是多方面的,包括反抗压迫、黑人的宗教信仰,以及法国大革命对杜桑·卢韦杜尔等黑人运动领导人的影响等。法国在1794年废除了奴隶制,拿破仑又在1802年恢复了奴隶制,圣多明各的起义军将法国的殖民地改名为海地,还打败了一支来镇压起义的法国军队。

1803年,很明显,法国最富有的殖民地即将不保,路易斯安那地区也失去了它存在的价值,而且拿破仑正在谋划入侵英国,也急需资金。当时,美国代表正在巴黎谈判,其目的是获得新奥尔良口岸自由通商的权利。美国代表看准时机,以每英亩3美分的超低价格买下了整个路易斯安那地区。对于这个价格,他们自己都很惊讶。这项交易在1803年7月公布。

美国这项向西扩展的活动进展得也不顺利。北方的"自由州"担心奴隶制会扩散到新的领土上。美国购买路易斯安那还激化了与英国在加拿大边境地区的紧张局势，最终在1812年爆发了战争。战争的直接起因是美国和加拿大边境的摩擦，以及英国迫使美国水手加入皇家海军。

1812年秋天，美国开始进攻加拿大，但是以失败告终。英国在海军方面占优势，于是他们封锁了美国的港口，还进行沿海突袭。英军甚至攻入美国首都华盛顿，并在1814年8月烧毁了政府大楼，其中最著名的建筑物就是白宫。

双方决定在比利时的根特进行谈判，终于在1814年圣诞节前夕签署了和平条约。但和平的消息传到美国为时已晚，已经无法停止那场1815年1月8日发生在新奥尔良的战斗。当时，安德鲁·杰克逊指挥的美国军队打退了英国人的进攻。

1812年的这场战争，后果之一是厘清了美国和加拿大的国家地位，但

▲ 委内瑞拉的军事领导人西蒙·玻利瓦尔将拉丁美洲的大部分地区从西班牙的统治下解放了出来。

对美国的印第安原住民来说，这是一场灾难。肖尼部落的酋长特库姆塞在1808年成立了一个部落联合会，以捍卫美洲原住民的独立自主。他在1812年8月曾帮助英国军队占领底特律。但1813年9月美国人在伊利湖上扫清了皇家海军以后，特库姆塞想保护部落土地就变得极为困难了。他在1813年10月阵亡，美国原住民同盟也就此瓦解，美国人得到了印第安人的土地。

▼ 1814年签订的《根特条约》结束了英美之间的战争。美国在1803年从法国手中买下了路易斯安那，让美洲的局势变得紧张，最终在1812年爆发了英美战争。

南美洲

欧洲的战争引发了西班牙帝国和葡萄牙帝国的危机

在世界范围内，拿破仑战争引发的最大后果是掀起拉丁美洲独立运动。拉丁美洲大部分地区都属于西班牙帝国，不过巴西在葡萄牙人的统治之下。

欧洲战争对拉美独立运动有推动作用，但并不是直接原因。为加强对殖民地的控制，长期以来，西班牙国王一直实行严酷的统治，这激起了克里奥尔的精英阶层强烈的反抗，而且殖民地的商人也对西班牙的贸易垄断感到不满。在这种情况下，1780—1783年，在今日的秘鲁爆发了由图帕克·阿马鲁（至1781年）领导的起义。起义的目标是反对西班牙的改革和

▼ 1812年，西班牙公布了自由宪法，此时恰逢拉美独立运动兴起。

税收，而对土著和混血人种叛乱的镇压也动摇了西班牙的统治。

1808年，拿破仑逮捕了西班牙国王费尔南多七世和王室成员，并试图占领西班牙，这引发了战争。为反抗法国的统治，1812年，西班牙人在加的斯召开了一次议会会议，在那次会议上通过了自由宪法，宣布西班牙统治范围内的所有自由人都将成为西班牙公民。在西班牙的殖民地中，这将包括克里奥尔人、混血人种和土著，但不包括女性和奴隶。此时，试图建立一个自由的帝制君主国家为时已晚，它也未能阻止独立运动。

在拉丁美洲，克里奥尔人精英挤走了王室成员，跟发生在西班牙的情况类似，他们也成立了委员会或军政府，最初的目的是保卫殖民地免受法国侵害。然而，尽管拉丁美洲殖民地派了代表去西班牙议会，并帮助他们制定西班牙的宪法，但这些省级的委员会经常与西班牙的中央军政府发生冲突。在这个过程中，他们逐步完善了关于国家独立的主张。

1810年，第一批宣布独立的国家出现了。1814年半岛战争结束时，他们要求独立的态度更强硬了。费尔南多七世再次登上西班牙王位后，废除了1812年的自由宪法，恢复了君主专制，这加剧了帝国的危机，拉美国家一个接一个地宣告独立，而且它们最终通过激烈的战争取得独立地位。其中最引人注目的是委内瑞拉的西蒙·玻利瓦尔，1819年他在博亚卡战役中获胜，建立了大哥伦比亚。它涵盖了南美洲北部的大部分地区和中美洲的部分地区。

到1825年，从智利到墨西哥，西班牙的许多美洲殖民地都成了独立的共和国，这些国家很快就废除了奴隶制，并且结束了基于种族的殖民地种姓制度。葡萄牙统治下的巴西也走上了同样的道路，这里面也有拿破仑战争的影响。1807年，法国人入侵葡萄牙时，英国将葡萄牙王室撤到了巴

西，里约热内卢成为国王胡
安六世统治下的葡萄牙帝国
的首都。战争结束后，胡安
留在了巴西，他的儿子佩德
罗成为葡萄牙的摄政王。
1815年，两国宣布以平等的
地位缔结同盟。

> 到1825年，西班牙的许多美洲殖
> 民地都成了独立的共和国。那些共
> 和国很快就废除了奴隶制，并且结
> 束了基于种族的殖民地种姓制度。

1820年，葡萄牙爆发自由革命，要求胡安返回里斯本，佩德罗则被送回巴西。1821年，里斯本试图重建葡萄牙对巴西的殖民特权，随后巴西爆发了起义。1822年，佩德罗宣布独立；1825年，葡萄牙承认了这个政权。

迈克尔·拉普波特（Michael Rapport），格拉斯哥大学欧洲近代史的主导讲师，著有《拿破仑战争概要》（*The Napoleonic Wars: A Very Short Introduction*, Oxford University Press, 2013）。

重新划分欧洲版图

拿破仑战败后，人们开始讨论欧洲的未来。本文作者大卫·安德列斯（David Andress）为我们揭示了维也纳外交谈判是如何建立一种新的国际秩序的。它永久地改变了欧洲大陆的面貌。

1813年6月下旬，拿破仑皇帝冷酷地拒绝了避免爆发新一轮全面战争的呼吁，他说："像我这样的人是不会在乎一百万人的生命的！"至少，据他当时的谈话对象克莱门斯·冯·梅特涅回忆，他就是这样说的。这位狡猾的奥地利外交大臣获得了在德累斯顿的马可里尼宫与拿破仑私下会晤的机会，他向别人讲述了皇帝的轻蔑，也部分地解释了下一步会发生什么。

直到1813年夏季，人们还是不清楚，整个欧洲是否会联合起来反对拿破仑。1812年入侵俄国时，他损失了50多万名士兵，但是他的帝国很快就补足了兵力，并且在远离法国的中欧站稳了脚跟。

拿破仑不断强调，英国的黄金可能正在支撑他们在西班牙的战争，并且在补贴俄国和新近加入战争的普鲁士。但奥地利至少在名义上还是他的盟友，而法国皇帝希望能继续霸凌他的岳父奥地利国王弗朗西斯，让他为自己服务。同时，在梅特涅的推动下，奥地利促成了法国与俄普两国达成

▲ 1815 年的漫画《国王的蛋糕》，讽刺了拿破仑帝国倒台后，欧洲各国代表在维也纳会议上唇枪舌剑，讨论怎样瓜分欧洲这块大蛋糕的情景。

停火协议。如果各方愿意，那个协议本可以带来全面的和平。但实际上，协议只从6月初维持到了8月10日。

在接下来的两年里，拿破仑先后两次流亡国外，法国也遭遇了外国的军事占领。1813年的拿破仑是一位残忍的独裁者，他坚信自己的能力，因此派了一位没有授权的代表去参加梅特涅的和平谈判，并在休战期重新集结军队。但战火再次燃起时，战场上的一切都严重超出他的预估，被欺侮的奥地利人加入了反对他的阵营。10月，莱比锡战役爆发，成千上万人死于此战，战败的法国也开始了漫长而艰难的撤退。法国皇帝损失了大部分兵力，患流行病死亡的人比战死的人更多。

▲ 维也纳大会现场。当时，维也纳是欧洲的政治和文化中心，参会人员在这里举办了让人惊叹的各种社交活动。

在1814年的头几个月里，拿破仑仍然像往常一样坚信，只要能显示自己的力量，他能以某种方式夺取最后的胜利。但是他现在只有一些残兵败将，荣耀都属于过去，他的元帅们也开始反对他了。俄国沙皇亚历山大与改变立场的法国外交官塔利兰达成协议，把拿破仑流放到厄尔巴岛。这样，拿破仑离欧洲的统治中心仍然很近，英国和奥地利并不看好这个流放地点，但没人在意他们的顾虑。亚历山大坚持要兑现自己的诺言，当一个骑士解放者。急着想复仇的普鲁士就法国多年的军事占领要求巨额赔偿，但是这个主张也被无视了。

1814年夏天，法国似乎不再是欧洲的大问题了。波旁王朝复辟后，拿破仑的帝国元帅们（包括以勇武著称的内伊），也迅速重新发现了他们祖传的对波旁王朝的忠诚。欧洲大陆的官员在巴黎举行各种聚会，尽情享受拿破仑从西班牙、意大利和德国抢来的艺术品。那些艺术珍品汇聚一堂的辉煌景象，掩盖了各国要求归还本国珍宝的呐喊。然而，在其他一些地方，局势越发紧张。

▲ 会议是由奥地利政治家梅特涅精心策划并主持的。

　　欧洲各国梦想着击败拿破仑有十多年了，但是打败拿破仑之后要怎么做，他们从未取得一致意见。例如，英国和俄国曾在1805年有过讨论，但是这样会削弱奥地利和普鲁士在德国的力量。在过去的20年里，意大利北部和波兰的人口几次被分割成不同的部分，他们的命运引起了理想主义者和那些利欲熏心的人的极大关注。由于拿破仑掌控的神圣罗马帝国及其附属的数百个小王国和特权领地的覆灭，德国的概念也发生了变化。现在，欧洲大国可以重新分配那些在法国皇帝的强权之下建立的莱茵同盟的卫星国了。

　　有些事情已经解决了。荷兰（现在的比利时境内）被法国占领了20年，奥地利已经放弃了对这一领地的所有主权要求，并与前荷兰共和国一起将其推向了新的荷兰王国，以抵抗法国向北方的扩张。作为回报，奥地利夺回了意大利北部的领土，其中包括18世纪末在法国的鼓励下占领的旧威尼斯共和国领土。不过在奥斯特里茨战役之后，那片土地属于法国了。拿破仑的妹夫约阿希姆·穆拉特仍然是那不勒斯的国王，这在一定程度上是因为他的妻子。拿破仑的妹妹卡罗琳曾是梅特涅的情人。

　　在这样的环境中，个人特质和政治行为紧密地交织在了一起。1812年拿破仑入侵俄国，曾深深地唤起了沙皇亚历山大的宗教意识，但随着军队向西推进，沙皇也开始很高兴地接受社会名媛的觐见，接受她们的奉承或火热多情的表白。新任英国驻路易十八皇朝大使的惠灵顿，在巴黎建立了一个类似的关系网（数年前，在这个职位上的梅特涅也是这么做的），还勾搭上了著名的歌剧演员朱塞佩娜·格拉西尼。他因此惹恼了一大批拿破仑的狂热追随者，因为她曾是法国皇帝非常宠爱的情妇。

君主和间谍

1814年春天，对法战争取得了第一波胜利，各国同意召开维也纳会议，代表们在9月陆续到达维也纳。对于他们的到来，梅特涅采取了特别的措施，在仆人、商人和旅馆老板中招募了数百名密探，对其中一些人进行专门培训，以取走或替换机密信件，复制密钥以及进行各种秘密监视。

社会上的一些高层人士自愿充当政府的密探，甚至邮政部门也涉足其中，在外交信使中途停下来换马时，窃取外交书信。同时，国家要拨款额外招募1500名服务员，仅仅是为了向与会各国首脑提供一般的家政服务。梅特涅认为，绝对不能浪费这样一笔巨大的投资。

在维也纳，大国纷争持续了数月之久，较小的国家则不断地请愿。从一开始，各国审议提案就完全从自身利益出发。外交官和部长们在讨论时，称国民为"有灵魂的人"，但实际上把他们视为成千上万可以征税、可以征召入伍的躯体。各个大国都要争取自己的利益，因此德国贵族要求恢复因神圣罗马帝国灭亡而失去的所有合法头衔和个人财产的提议，也被迫销声匿迹了。

俄国的部长们宣称，他们将整个占领拿破仑在波兰的傀儡华沙大公国。但在18世纪末的一次分赃之后，华沙大公国一部分领土划入普鲁士，还有一部分属于奥地利人。同时，普鲁士提出要整个吞并拿破仑的重要盟友萨克森王国，并暗示可以用意大利（当时由奥地利占领）的教皇领地补偿萨克森王室。奥地利希望从巴伐利亚手中收回蒂罗尔及邻近地区，那是在拿破仑帝国的巅峰时期划给巴伐利亚的，是效忠法国皇帝的证明。这意味着要放弃更西边的领土，要艰难地讨价还价，来安抚控制莱茵河沿岸关键地区的普鲁士和英国。

1814年底，各国对利益的争夺接近白热化，甚至有爆发冲突的危险。路易十八的代表、谈判高手塔利兰成功进入会谈，在付出大量努力后，法国于1815年1月3日加入了英国和奥地利的同盟。看上去，等第二年春天，这个同盟很可能会与俄普同盟开战。英国的部长卡斯尔雷格勋爵估计，几个月之

▼ 拿破仑退位后，他的帝国分崩离析。在这幅漫画里，他在惠灵顿的指挥下拉着法国国王的座车。

内，可能会在欧洲中部爆发一场百万人级别的战争。普鲁士很快动摇了，五个大国开始进一步的谈判，整个冬天他们都在忙这件事。惠灵顿也加入了卡斯尔雷格的阵营，因为他在巴黎非常不受欢迎，可能面临生命危险。

后来谈判取得了一些进展，萨克森州的一半归普鲁士，而华沙大公国几乎全部划归俄国，但是仍然有很多问题未能解决。

> 在维也纳，大国纷争持续了数月之久。

就在这个节骨眼上，拿破仑介入了。3月7日，他逃离厄尔巴岛的消息传到了维也纳，一大群因为获得了新的领土而沾沾自喜的人瞬间陷入恐慌。在这样的恐慌之下，他们下定决心，一定不能让拿破仑恢复力量，他们立即集结了50多万军队来对付法国。即使在这个时候，仍然可以听到奥地利领导人的喃喃自语，他对俄国军队在其首都附近行军感到恐惧——俄军必须严格按照预定路线行动。

反对拿破仑的阵线宣称，他再次出现在人们面前，必然会"受到公众的报复"，很快会造成"混乱与无序"。后来形势逐渐明晰，这样的说法甚嚣尘上。因为1815年回来的拿破仑，其言行与1813年那个咄咄逼人的独裁者截然不同。

拿破仑战争的负面影响

1815年4月下旬，拿破仑以法国皇帝的名义颁布了所谓的《附加法》（或称1815年《宪章》），确认了复辟的波旁王朝在自由政治上的一些让步，让法国在革命的道路上走得更远。他改变了原来的一些主张，像15年前的自己一样，成为法国革命及雅各宾派平均主义传统的继承人。他宣布保障人权，取消新闻审查制度，并明确表示向国际自由主义舆论看齐，而且法国不再参与奴隶贸易。

很快，拿破仑再次因军事失利下台。但是几乎可以肯定，他变得愤世嫉俗，心态渐渐偏左，留下了影响深远的有毒文化遗产。它在法国引发了暴力和复仇谋杀，而这些原本是一年前已经避免的。这些遗产还引发了一场数百人死亡的"白色恐怖"反革命暴行，以及波及成千上万名官员的官方清除行动。

为了找到一个合适的投降对象，拿破仑的军队开始向西撤退，他们因此被贬斥为"卢瓦尔河的军团"。100多万联军占领了法国，这次占领比1814年时要严峻得多。联军声称，这是对拒绝1814年那次宽宏大量占领的全体法国人民的报复。官方的复仇也波及了内伊元帅，那年年底，他被行刑队枪决。约阿希姆·穆拉特元帅试图在拿破仑的支持下在意大利起事，于是他也从那不勒斯国王变成了被追捕的逃犯，最终在10月被处决。

在滑铁卢战役发生前九天，即1815年6月9日，与会各国首脑终于正式签署了维也纳会议的最后文件。拿破仑最终投降后，欧洲大国很快就结束了在维也纳的各项活动。一些悬而未决的事也迅速处理了，然后拿破仑在重重法律监护下被流放到遥远的海岛，这多少也反映了他们的总体情绪。梅特涅的奥地利成为新成立的德意志联邦39个州的事务仲裁员，同时还要维护意大利半岛的秩序。

> 欧洲大陆笼罩在强大的反革命势力之下，令人窒息。

欧洲大陆笼罩在强大的反革命势力之下，令人窒息。英国政府在1819

年曼彻斯特彼得卢大屠杀后，监禁了自己国家的激进派领导人，这样的行为，在当时竟然是宽容的。

▶ 维也纳会议最后签署的文件，签名和火漆封缄。

镇压与革命

革命似乎成了理想主义者和被压迫者唯一的出路，越来越多的人认为他们属于被维也纳协议忽视的"国家"。无数人密谋要颠覆这个被秘密警察和审查员压制的欧洲，这是必然的。1820年，意大利南部和西西里岛爆发起义，但是失败了。不久之后，西班牙政权落入寻求恢复1812年自由宪法的革命者手中。

复辟的法国波旁王朝为了巩固在新秩序中的地位，在1823年越过比利牛斯山，对西班牙发动军事入侵。在维也纳会议参会大国的支持下，十万名号称"圣路易斯之子"的士兵进入西班牙，恢复了西班牙的君主专制。

1830年，法国爆发了新的革命，很快以确立新的君主立宪制告终。实

◀ 1815 年建立的维也纳体系，在 1848 年之后被一种民族主义精神取代。比如这幅漫画中展示的，俾斯麦在德国试行的一些新的统治政策。

际上，它在抑制民众意识的觉醒。荷兰南部的几个省份也在同一年起事，最终成立了新的国家比利时，国王利奥波德一世原来是德国的一名王子。1830年初，希腊获得独立，这个人还被邀请担任希腊国王，但他觉得那个国家太不稳定了。后来，巴伐利亚国王的次子奥托登上了希腊王位。

从这些人事变动中我们可以看出，在无法压制革命形势时，欧洲的君主们是如何适应新变化的。但是君主专制的势力仍然在尽力压制革命，1848年，欧洲大陆爆发了"人民的春天"，法国又从共和制转向了波拿巴主义；在法国之外，整个欧洲大陆都在用武力镇压革命，奥地利、普鲁士和俄国都出动了军队。

维也纳体系并不是被自下而上的革命推翻的，而是缔约国首脑们又有了新的策略。比如在精心的控制下去刺激民族主义情绪，因为这样对他们更为有利。

1853年，在奥斯曼帝国的事务上，英法两国与俄国分歧巨大，已无法通过谈判解决，于是双方爆发了战争。十年后，法国因支持另一个君主制的皮埃蒙特–撒丁王国与奥地利发生冲突，将自己的影响力扩展到意大利王国。

19世纪60年代，在奥托·冯·俾斯麦的领导下，普鲁士先后与丹麦和奥地利开战，其目的是确立普鲁士在德意志联邦中的统治地位。最终，针对过度自信的法国，俾斯麦精心策划了一场战争，来实现自己的计划。普鲁士人占领了凡尔赛宫，1871年1月18日，在被占领的凡尔赛宫，俾斯麦宣布一个新的统一的德意志帝国的成立。这毫无疑问为20世纪的冲突埋下了种子。

大卫·安德列斯（David Andress），朴次茅斯大学的现代史教授，其最新的作品是《法国大革命：一次农民的反抗》（*The French Revolution: A Peasants' Revolt*, Head of Zeus, 2019）。